もくじ

■ **本書の特色**

・本書は，実教出版発行の教科書（福祉702）「介護福祉基礎」に準拠した学習ノートです。教科書の構成にあわせた展開とし，各節を次のような内容で1ページに構成しています。
　①教科書の重要用語を確認する穴埋め演習問題（知識・技能）
　②「介護福祉士」国家試験の出題形式に準じた練習問題（思考・判断）
・授業の復習や自学自習のために本書をご活用ください。

尊厳を支える介護

年　　　組　　　番　　　名前

検印

1 介護の意義，役割，尊厳を支える介護

教科書 p.8 〜 p.9

1 基本的人権

・基本的人権……人が生まれながらにして持っている権利（（①　　　　　　））のこと。
　→だれにでも認められている権利を（②　　　　　　）という。
・世界人権宣言……「すべての人間は生まれながらにして自由であり，すべての人が（③　　　　）に扱われなければならない。」と定めている。

▶日本国憲法で定めている基本的人権

第11条	第13条	第14条	第25条
基本的人権	幸福追求権	平等権	（④　　　　）

2 介護の意義，役割

・介護を必要とする人……高齢や疾病，（⑤　　　　）により，さまざまな生活行為を自分の力だけでできなくなった人。
・介護の役割……介護を必要とする人に対して，生きる意欲を引き出して，（⑥　　　　）（生活の質）を高める支援を行うこと。
・介護の意義……介護が必要な人と介護を行う人が，介護を通して共に（⑦　　　　）しあうこと。

3 尊厳を支える介護

・尊厳……尊く厳かなことという意味。
　→個人として（⑧　　　　）されたいという思いは，すべての人が同様に持つもの。
・介護従事者は，介護が必要な人をひとりの（⑨　　　　）としてとらえ，その人らしく生きることを支え，その人の思いを置き去りにしないことが大切。
　→（⑩　　　　）を支える介護につながる。

4 その人らしく生きることを支える

・人はさまざまな体験を通して，自分の人生観や（⑪　　　　）をつくり上げて生活している。
　→それを土壌として，どう生きるのかということが「自分らしさ」や「自己実現」に結びつく。
・利用者が人生のなかで積み重ねてきた（⑫　　　　）や価値観を介護従事者が理解して支援することが，その人らしく生きることを支えることになる。

練習問題

◆次の記述が正しければ○，誤っていれば×をつけなさい。

A　すべての人が生まれながらにして持っている権利（自然権）を基本的人権という。

B　生命，自由，幸福追求に対する国民の権利は尊重されるため，たとえ公共の福祉に反したとしても，基本的人権が制限されることはない。

C　介護が必要な人の生きる意欲を引き出して，QOLを高める支援を行うことが，介護の役割である。

D　QOL（生活の質）は，個人の生活経験や生活史とはまったく関係がない。

A		B		C		D	

2 利用者主体の介護サービス

教科書 p.10 ～ p.11

1 利用者主体とは

・利用者主体……（①　　　　　　）の立場・視点に立って考えること。（②　　　　　　　）ともいう。

→介護従事者は，利用者が置かれている状況や個性，（③　　　　　）を理解し，言葉の裏側にあるものを認めることも必要。

・ニーズ……身体的・心理的・経済的・文化的・（④　　　　　　　）なもので，生存のため，ウェルビーイングのため，（⑤　　　　　　　）のために必要なもの。

→利用者の（⑥　　　　　）を把握することが，利用者主体の介護サービスにつながる。

2 利用者主体と自己決定

・利用者が主体的に生活をするためには，（⑦　　　　　　）（自分のことは自分で決めること）が重要。

・自己決定権……自分に関することは，（⑧　　　　　　）が決めるという権利。

→人間らしく生きるためには，自己決定は最低限必要。

3 自己決定に向けた支援

・事故や病気などで意思を伝えることが難しい障害を持った場合，自分が必要としていることを（⑨　　　　　）に決めて伝えることが困難になる。

・代弁（（⑩　　　　　　　　））……弱い立場にある人の生命や権利，利益を擁護して代弁すること。

→本人が選択・決定する行為自体が自己決定であると同時に，（⑪　　　　）や介護従事者が代弁することも，（⑫　　　　　　）に向けた支援といえる。

・介護が必要な人が，「自分の意見を尊重してほしい」という思いを伝えることは勇気がいるということを，介護従事者は理解する必要がある。

→介護従事者には，介護が必要な人が，自由な（⑬　　　　　　）と（⑭　　　　　）を行えるような関係をつくり，選択しやすい環境を整えることが求められる。

練習問題

◆次の記述のうち，正しいものを 1 つ選びなさい。

A　利用者主体とは，その人の置かれている状況や生き方などを通して，介護従事者の立場・視点から考えることである。

B　自己決定権とは，自分に関することは，本人自身あるいは国や他人が決めるという権利のことである。

C　障害を持つ人が，自分の意思や要求を主体的に決めて伝えられない時は，介護従事者がその人にかわって選択・決定するのがよい。

D　介護従事者は，利用者主体の立場から自己決定を最大限尊重し，自立に向けた介護福祉サービスを提供することが大切である。

3 介護を必要とする高齢者の人権と尊厳

教科書 p.12 〜 p.13

1 高齢者虐待防止法

・超高齢社会……総人口に占める高齢者（（①　　　　）歳以上）の割合が（②　　　　）％に達した社会。
　→超高齢社会に突入した日本では，高齢者に対する虐待などが問題になった。
・高齢者虐待防止法……2006年施行。第1条に「（③　　　　）の保持」という言葉が使われ，虐待を受けている高齢者の保護のための責務が（④　　　　）にあることが明確になった。

2 高齢者虐待の種類

・高齢者虐待……高齢者が他者からの不適切な扱いにより，（⑤　　　　）を侵害される状態や，生命，健康，生活が損なわれるような状態に置かれること。

▶高齢者虐待の例

区分	具体的な例
（⑥　　　　）虐待	平手打ちをする，つねる，なぐる，蹴る　など
介護・世話の放棄・放任	劣悪な住環境のなかで生活させる　など
（⑦　　　　）虐待	怒鳴る，ののしる，悪口をいう　など
性的虐待	排せつの失敗に対して懲罰的に下半身を裸にして放置する　など
（⑧　　　　）虐待	日常生活に必要な金銭を渡さない／使わせない　など

3 高齢者虐待の背景

高齢者虐待
の背景
{
・高齢者の介護者への（⑨　　　　）状態が高ければ高いほど介護者は負担を感じ，大きなストレスになる。
・家族や介護者に病気や認知症の正しい知識がない場合，思うようにいかないいらだちから，虐待につながることもある。
　→高齢者虐待の背景には多くの要因があり，複雑にからみあっている。

4 高齢者に関する人権問題

・高齢者虐待は，家庭内や施設内など閉ざされた環境で起きることが多いため，表面化しにくい。
　→養介護施設従事者等および養護者による虐待の相談・通報件数は（⑩　　　　）傾向にある。

練習問題

◆次の記述が正しければ○，誤っていれば×をつけなさい。

A　高齢者に対する虐待や介護施設における身体拘束などの問題を背景に，2006年に高齢者虐待防止法が施行された。

B　高齢者虐待のうち，高齢者本人の自宅などを本人に無断で売却することは，心理的虐待に分類される。

C　日本では，長生きの高齢者を尊重する習慣があるため，敬老思想が強く，年齢や老いに対する偏見や差別（エイジズム）は見られない。

D　2018年の高齢者に関する調査によると，養介護施設従事者等および養護者による虐待の相談・通報件数は増加傾向にある。

A		B		C		D	

4 介護を必要とする障害者の人権と尊厳

教科書 p.14〜p.15

1 障害者の権利に関する条約

◎ （①　　　　　　　　　）に関する条約（障害者権利条約）……障害者が自身にかかわる問題に主体的に関与する考え方を反映した障害者のための条約。日本では2013年の（②　　　　　　　　）解消法の成立によって障害者制度の充実がなされたことから，2014年に批准された。

→障害を理由とした（③　　　　　）を行わないこと，障害のある人たちが自ら（④　　　　　）する自由を尊重すること，社会に参加できるようになることなどが求められている。

障害の とらえ方	・従来の障害のとらえ方……「（⑤　　　）モデル」 →障害は個人の問題であり，医療を必要とするもの。 ・障害者権利条約の考え方……「（⑥　　　）モデル」 →障害は主に社会によってつくられたもの。

◎ （⑦　　　　　　　　　　　　　　）……障害のある人が障害のない人と同等に生活し，共にいきいきと活動できる社会をめざすという考え方。デンマークのバンク - ミケルセンが提唱。

2 障害者に関する人権問題

▶ 障害者に関し，現在，どのような人権問題が起きていると思うか

就職・職場で不利な扱いを受けること	49.9%
（⑧　　　　）な言動をされること	48.7%
じろじろ見られたり，避けられたりすること	47.6%
職場，学校等で嫌がらせやいじめを受けること	45.6%

内閣府「人権擁護に関する世論調査（2017年）」による

3 障害者虐待の背景

・障害者福祉施設の（⑨　　　　　）や勤め先の経営者などによる虐待が起きている。

障害者虐 待の背景	・虐待を受けていることを本人が理解していない，訴えることができない。 ・「対応が困難な行動を抑えるために必要な拘束である」，「指導やしつけの一環である」という支援する側の誤った考え。

4 障害者虐待防止法

・障害者虐待防止法……2011年制定。障害者に対する虐待を防ぐための法律。

→虐待の加害者を❶（⑩　　　　　　　），❷障害者福祉施設従事者（施設職員）など，❸使用者に限定。

→働く障害者に対する障害者を雇用する事業主（使用者）による虐待防止も対象とするところが，高齢者虐待防止法と異なる。

✎練習問題

◆次の記述のうち，誤っているものを1つ選びなさい。

A　障害者権利条約は，障害者が自身の問題に主体的に関与する考え方を反映した条約である。

B　デンマークのバンク - ミケルセンは，1959年法と呼ばれる法律に「ノーマライゼーション」という言葉を盛りこんだ。

C　施設職員による障害者への虐待は，指導やしつけの一環であれば法的に認められている。

D　介護従事者は，障害者への虐待を発見しやすい立場にあることを自覚し，個人の尊厳を守るという価値観をもとに，本人の訴えに耳を傾ける必要がある。

自立に向けた支援

第1編

1 自立を支援する専門職　　　　　　　　教科書 p.16 ～ p.17

1 自立支援とは

◎介護福祉分野における自立

・他者の支援を受けながらも，（①　　　　　　）に生きることを目的として，自分の生き方を考え，自己選択や（②　　　　　　）を行うことができること。

→他者の支援を受けて自立をめざすことが可能であることを意味する。

・自立生活運動（IL運動）……1960年代アメリカで始まった障害者の自立生活運動。施設の外での生活を保障し，自分の（③　　　　）で生きることをめざし，地域の中で自己決定ができ，必要な（④　　　　　　）が構築されることを求めた。

◆介護保険法第 1 条（一部抜粋）

（⑤　　　　）を保持し，その有する能力に応じ（⑥　　　　）した日常生活を営むことができる

→一人ひとりのサービス利用者が，住み慣れた地域で，自立した日常生活を継続的に営むことを支援することが（⑦　　　　　　）といえる。

2 介護予防

◎介護予防の定義……要介護状態の発生をできる限り防ぐ（遅らせる）こと，そして要介護状態にあってもその悪化をできる限り防ぐこと，さらには（⑧　　　　）をめざすこと。

◎介護予防サービス

・2005年の介護保険制度の改正により創設された。要介護状態の軽減などをめざし，機能訓練など（⑨　　　　　　　　）本人への働きかけが重視された。

・2014年の改正で，社会参加によって（⑩　　　　　　　）を持つことが，生きがいや介護予防につながるという考えのもと，サービス利用者だけではなく，利用者をとりまく（⑪　　　　）を含めた取り組みが重視された。

3 介護従事者の姿勢

・利用者の潜在能力を把握し，利用者が持つ強み（ストレングス）に着目して生活の支援を行う。

・自らの意思を伝えることが困難な人に対して，本人の声にならない声を（⑫　　　　）（アドボカシー）する役割もある。

練習問題

◆次の記述が正しければ○，誤っていれば×をつけなさい。

A　介護福祉分野における自立とは「他者の支援を受けながらも，主体的に生きることを目的として，自分の生き方を考え，自己選択や自己決定を行うことができること」である。

B　「IL運動」は，1960年代にオランダのハーグで始まった障害者の自立生活運動である。

C　2005年の介護保険制度の改正により，介護予防サービスが創設された。

D　介護福祉分野では，利用者が持つ強みのことをアドボカシーという。

A		B		C		D	

2 個別性を尊重した自立のための支援

教科書 p.18 〜 p.19

1 人間らしく生きる権利

・日本国憲法には，すべての国民には人間らしく生きる権利があることが掲げられている。

◆日本国憲法第13条

> すべて国民は，個人として（①　　　　　）される。生命，自由及び幸福追求に対する国民の権利については，（②　　　　　　　　　）に反しない限り，立法その他の国政の上で，最大の尊重を必要とする。

→要介護状態になることによって，尊厳が損なわれることがあってはならない。

2 リハビリテーションの考え方

◎リハビリテーション……本来は「権利・名誉・（③　　　　　）の回復」を意味する。

→障害により（④　　　　　　）が低下し，人間らしく生きることに困難が生じている時に，人間らしく生きる（⑤　　　　　）・尊厳の回復をはかること。

・潜在能力も含めた生活機能のプラス面を引き出し，マイナス面を軽減していくことが目的。

・潜在能力に着目し，本人の本来持っている力を引き出す支援は，（⑥　　　　　　　　　）の観点からも重要である。

・リハビリテーションなどにより，利用者の（⑦　　　　　）（生活の質）の向上につなげる。

3 ICIDHとICFの特徴

・ICIDH（国際障害分類）……1980年，（⑧　　　　　）（世界保健機関）が発表した障害に関する国際的な分類。3つのレベルから段階的に障害をとらえる。

・（⑨　　　　　）（国際生活機能分類）……障害を生活機能のなかに位置づけた。（⑩　　　　　　　）と個人因子が加えられた。

4 ユニットケアの理念

施設における個別ケアを推進する手段として，（⑪　　　　　　　　　）がある。少人数の顔なじみの関係性のなかで，（⑫　　　　　）的な雰囲気で生活できる。

5 レクリエーションの意味

本人が生きがいを持って生活を送るため，主として自由時間に楽しみとして行われる自発的・創造的な活動を（⑬　　　　　　　　　）という。利用者一人ひとりの意思を確認して，活動につなげることが望ましい。

✐練習問題

◆次の記述のうち，誤っているものを1つ選びなさい。

A　リハビリテーションとは，本来は「権利・名誉・尊厳の回復」という意味である。

B　ICFは，「健康状態」「心身機能・身体構造」「環境因子」の3つの要素で構成されている。

C　2003年度より特別養護老人ホームを新設する際は，個室・ユニット型（小規模生活単位型）が原則とされた。

D　自由時間に楽しみとして集団で行われる活動と，個人がやりたいことを行ってもらう活動のどちらもレクリエーション活動といえる。

第1章 介護従事者をとりまく状況

年　　　組　　　番　　　名前

検印

1 介護の歴史と現状

教科書 p.24 ～ p.25

第2編

① 戦前・戦後の介護

第二次世界大戦前の日本では，（①　　　　　）のもと，介護は家族が担っていた。

→戦後，（②　　　　）の改正により家制度はなくなったが，介護は長男が中心となって家族で行う習慣が続いた。

② 老人ホームの整備と介護保険制度

・戦後の高度経済成長期に人口の都市への集中が進み，（③　　　　　）が進行。家族による介護が困難になった。

・（④　　　　　　）が増加し，高齢者の入所施設の整備が望まれるようになった。

▶特別養護老人ホームの整備

1963 年	（⑤　　　　　　）によって整備が進められた。
1970 年	（⑥　　　　　　　　　　）が策定され，さらに整備が進められた。

・1990年に老人福祉法が改正され，通所介護や短期入所サービスなどの（⑦　　　　　　　）が法的に位置づけられた。

・（⑧　　　　　　）制度……介護を広く社会全体で担うため，2000年に始まった。

③ 少子高齢化と介護

・介護保険制度が始まった要因……平均寿命の伸びや出生率の低下による（⑨　　　　　　　）が急速に進んでいることがあげられる。

・（⑩　　　　　　　　）……1995年成立。育児や介護のための制度が整備された。

→近年では，育児と親の介護を同時に担うダブルケアの問題が指摘されている。また，介護のために仕事をやめてしまう（⑪　　　　　）も社会問題となっている。

・（⑫　　　　　　）では，仕事と介護を両立できる職場環境の整備に取り組んでいる企業が使用できるシンボルマーク「トモニン」を作成し，介護離職を未然に防ぐ取り組みを推進している。

練習問題

◆次の記述が正しければ○，誤っていれば×をつけなさい。

A　核家族とは，夫婦のみ，夫婦と未婚の子，父親または母親と未婚の子のみで成り立つ家族のことである。

B　出生率とは，一人の女性が出産可能とされる15歳から49歳までに産む子どもの数の平均を示したものである。

C　ダブルケアを行う人のうち，女性の人数は男性の約3倍となっている。

D　家族の介護を抱えている労働者が仕事と介護の両立が困難となり仕事をやめることを介護離職という。

A		B		C		D	

2 介護福祉士の養成

1 介護福祉士養成の始まり

　寝たきりや認知症など重度の要介護者に対応できる人材の確保と資質の向上が求められるようになり，サービスの質を担保する専門職が必要となった。

→1987年に（①　　　　　　　　）が国家資格として誕生。これを定めた法律が（②　　　　　　　　）及び介護福祉士法である。

2 社会福祉士及び介護福祉士法

　社会福祉士及び介護福祉士法は，目的，定義，（③　　　　　　　），国家試験，（④　　　　　　　），罰則などで構成されている。

→法律の一部改正により，2015年4月から，介護福祉士の業務として（⑤　　　　　　　）等が位置づけられた。

3 資格取得方法

◎介護福祉士の資格取得方法……養成施設ルート，実務経験ルート，福祉系高校ルートがある。

　・すべての者について，一定の教育プロセスを経た後に（⑥　　　　　　）を受験するという形で，資格取得方法が一元化された。

　・養成施設（2年以上）ルート……1850時間の課程後　　　→
　・実務経験（（⑦　　　）年以上）ルート……実務者研修後　　　→　｜介護福祉士国家試験の受験資格｜　⇨　｜合格後登録｜
　・福祉系高校ルート……（⑧　　　）単位の課程を経て卒業後　　　→
　　（2016～2018年度の特例高等学校等の入学者は，35単位の課程を
　　　卒業した後に9か月以上の実務経験を経た場合に，国家試験の受験資格が付与される。）

4 登録方法と登録者数の推移

　介護福祉士国家試験の合格通知が届いたら必ず，（⑨　　　　　　　　）（社会福祉振興・試験センター）に登録する必要がある。

→2020年9月末の介護福祉士の登録者数は，約（⑩　　　　）人となっている。

✎練習問題

◆次の記述が正しければ○，誤っていれば×をつけなさい。

A　1987年に制定された「社会福祉士及び介護福祉士法」により，介護福祉士は国家資格として定められた。

B　社会福祉士および介護福祉士の義務規定には名称の使用制限がある。

C　介護福祉士の国家試験の受験資格を得るには，養成施設を卒業後，3年以上の実務経験を経なければならない。

D　介護福祉士の単年度での登録者数は増加し続けている。

A		B		C		D	

① 新人材確保指針とその対応

・（①　　　　　　　　　　　）……将来にわたって福祉・介護ニーズに対応できる人材を安定的に確保するため，（②　　　　　　　　　）第89条第1項の規定にもとづいて2007年に公表された。

▶人材確保のために行うべき措置

❶若者から魅力ある仕事として評価・選択されるようにし，今働いている人たちが働き続けられるように「（③　　　　　　）の整備の推進」をはかる。
❷福祉・介護ニーズに対応できる介護従事者の（④　　　　　）の向上のため「キャリアアップのしくみの構築」をはかる。
❸福祉・介護サービスの仕事が，魅力ある職業として社会的に認知されるよう，教育機関などによる（⑤　　　　　　　　　）体験の機会の提供や職場体験，マスメディアを通じた広報活動などによる理解の促進などの「福祉・介護サービスの周知・理解」をはかる。
❹介護福祉士や社会福祉士などの有資格者などを有効に活用するため，潜在的有資格者などの掘り起こしを行い「（⑥　　　　　　　　　　）などの参入の促進」をはかる。
❺他分野で活躍している人材や高齢者などにも研修を通じて拡大し，「多様な人材の参入・参画の促進」をはかる。

・介護福祉士の有資格者のうち，介護職として従事していない者を（⑦　　　　　　　　　）という。2015年時点では有資格者のうち約4割の人が潜在介護福祉士となっている。

② 2025年に向けた介護人材の構造転換

　2015年2月の社会保障審議会福祉部会により，「2025年に向けた介護人材の確保～量と質の好循環の確立に向けて～」という報告書がまとめられた。

→専門性や機能分化に乏しい「まんじゅう型」から，高度な専門性や機能分化を実現する「（⑧　　　　　　）」へと構造転換し，きめ細かな人材確保方策を講じることが必要であるとした。

③ 外国からの介護人材の受け入れ

・外国人の介護人材受け入れ……（⑨　　　　　）（経済連携協定）にもとづく（⑩　　　　　　　　　　　）の受け入れから始まった。

→介護福祉士資格を取得した留学生への在留資格「介護」の付与，（⑪　　　　　　　　　　　）における介護職種の追加などにより，外国人介護職の受け入れが行われている。

🖉練習問題

◆次の記述のうち，誤っているものを1つ選びなさい。

　A　将来にわたって福祉・介護ニーズに対応できる人材を安定的に確保するため，2007年に新人材確保指針が公表された。

　B　介護福祉士の有資格者のうち介護職として従事していない者を「潜在介護福祉士」という。

　C　「2025年に向けた介護人材の確保～量と質の好循環の確立に向けて～」という報告書のなかで，介護人材確保の取り組みは「まんじゅう型」に構造転換する必要があるとしている。

　D　2019年度までの外国人の介護福祉士候補者の累計受け入れ人数は5,000人をこえた。

4 介護従事者のキャリアアップ

教科書 p.30 〜 p.31

1 介護人材のキャリアパス

2017年10月，社会保障審議会福祉部会福祉人材確保専門委員会は「介護人材に求められる機能の明確化と（①　　　　　　　　）の実現に向けて」をとりまとめた。

・一般的なキャリアパスの流れ……無資格者 → 初任者研修修了者 → 実務者研修修了者 →

（②　　　　　　　　）→ 認定介護福祉士

→介護人材を確保するには，介護未経験者を含む多様な人材の参入を促進すると共に，それぞれの人材の意欲・能力に応じてキャリアアップをはかっていけるようなしくみが必要。

2 働き続けるためのキャリアパスの整備

一定の経験を積んだ介護従事者が，（③　　　　　　　　）症候群にならず，それぞれのキャリア設計に応じてさらなる資質向上の機会が得られるよう，環境整備やプログラム開発が必要。

例　❶チームケアのリーダーとしての役割を担うために必要な（④　　　　　　　　）能力向上のための研修

　　❷医療的ケア・認知症ケアなどに対応できる能力や（⑤　　　　　　　　）に必要となる能力の向上のための研修

　　❸働きながら介護福祉士を志す職員に対する（⑥　　　　　　）研修

3 日本介護福祉士会の生涯研修制度

◎生涯研修制度の概要

❶介護福祉士基本研修……介護福祉士資格取得後（⑦　　　）年未満の初任者が対象。介護過程の展開を主とした，根拠ある介護実践に必要な視点や考え方を学ぶ。

❷ファーストステップ研修……介護福祉士資格取得後2〜3年程度の中堅者が対象。小規模チームのリーダーや，初任者の教育・指導の役割を担える人材を養成。

❸（⑧　　　　　　　　）養成研修……介護福祉士資格取得後5年以上の者が対象。より高度な介護福祉士養成のための研修。

4 継続的な自己研鑽

・介護福祉士の資質向上……日々の介護実践と継続学習によって養われる。

・学習の場……OJT（（⑨　　　　　　　）），Off-JT（（⑩　　　　　　　）），学会など。

→各自が目標を持ち，目標達成に向けて計画的に自己研鑽に努めることが求められる。

練習問題

◆次の記述のうち，誤っているものを1つ選びなさい。

A　介護分野に参入した人材が定着するには，指導・教育などの体制づくりが重要である。

B　介護従事者の各種研修受講時における代替職員の雇い上げ経費などに支援を行うことは，研修を受講しやすくする環境整備の1つである。

C　日本介護福祉士会の生涯研修制度は，無資格者のキャリアアップをはかるしくみである。

D　介護福祉士には，資格取得後も専門職として自己研鑽を続けていく「資質向上の責務」が課せられている。

1 **社会的な評価の向上**

◎介護従事者の社会的な地位向上のために求められていること

・働きたいと思える魅力ある職場づくりと（①　　　　　　　）の改善。

・介護の質の向上に取り組み，介護従事者が意欲と誇りを持って働くことのできる社会の実現。

2 **働きたいと思える魅力ある職場**

・介護の仕事を選んだ理由（2020年の調査）……「働きがいのある仕事だと思ったから」，「資格・技能が活かせるから」，「人や社会の役に立ちたいから」の順に多くなっている。

　→介護従事者の多くは，やりがいがある，専門性をいかせる，（②　　　　　　　）ができる職場として介護の仕事に就いている。

・介護人材の（③　　　　　　　）……介護人材の賃金が対人サービス業と比較して（④　　　　　）ことなどを踏まえ，2009年度の介護報酬改定以降，（⑤　　　　　　　　　）のもとで，介護人材の処遇改善が進められている。

3 **介護の質の向上に向けた取り組み**

◎今後，介護福祉士に求められること

❶ケアの提供者のなかで中核的な役割を果たすこと。

❷介護ニーズの複雑化・多様化・高度化に対応すること。

❸本人の（⑥　　　　　　　）を意識した支援や家族の（⑦　　　　　　）の軽減に役立つ助言，介護予防の観点からの支援を行うこと。

4 **国家試験の受験の必修化**

　これまで複数の資格取得ルートで行われてきた介護福祉士の養成は，質の担保の観点から，一定の教育プロセスを経た後に（⑧　　　　　　　）を受験し資格を取得するという形に統一された。

　→2017年1月からは，（⑨　　　　　　　）ルートにも国家試験が導入された。

5 **介護の日（11月11日＝いい日，いい日）の制定**

・介護の日……（⑩　　　　　　　）が，利用者およびその家族，介護従事者を支援すると共に，地域社会における支えあいや交流を促進するために設定。この日を中心として，介護の意義や重要性についての周知，啓発活動が行われている。

✏️**練習問題**

◆次の記述が正しければ〇，誤っていれば×をつけなさい。

A　介護人材の賃金は，対人サービス業と比較すると高い。

B　2020年の介護労働安定センターによる調査では，介護の仕事を選んだ理由として「資格・技能が活かせるから」と回答した人は3割をこえている。

C　介護福祉士には，現場のケア提供者のなかで中核的な役割を果たすことが求められる。

D　介護福祉士の資格を取得する場合，養成施設ルートを経れば国家試験を受験する必要はない。

A		B		C		D	

介護従事者の役割と介護福祉士

年　　　　組　　　　番　　　名前

検印

1 介護の役割，介護福祉士の専門性

教科書 p.34 〜 p.35

1 介護従事者とは何か

・介護サービスを提供するしくみ……（①　　　　　　　　）や障害者総合支援法などにもとづいた制度がある。

・介護従事者……（②　　　　　　　　）などの専門職，自宅で同居する家族，ボランティアなど。

2 介護福祉士の役割と専門性

・介護の役割……（③　　　　　　　）または精神上の障害を抱える高齢者や障害者などに対して，日常生活に必要な介護を行うこと。

・介護福祉士……（④　　　　　　　　　　　）により定められた国家資格。

→社会福祉士及び介護福祉士法では「心身の（⑤　　　　）に応じた介護」と「その介護者に対して介護に関する（⑥　　　　）を行う」ことが明記されている。

▶介護福祉士の役割

心身の状況に応じた介護	高齢者や障害者が抱える疾患や障害などに関する専門的知識を正しく理解し，（⑦　　　　　）や予防の視点から支援する。
介護に関する指導	家族介護者やボランティアなどが抱える課題を明らかにし，それに対応した支援を行う。

・介護福祉士は，介護に関する一連の支援を（⑧　　　　　　　）として展開する専門性を持つ。

3 介護を実践するチーム

介護は，介護福祉士の他，医師や看護師，理学療法士（PT）や（⑨　　　　　　　）（OT），管理栄養士，社会福祉士，介護支援専門員（（⑩　　　　　　　　　））などが主要なチームメンバーとなって行う。家族介護者など，資格を取得していない介護従事者を含めることもある。

→介護福祉士には，介護チームにおける（⑪　　　　　　　　　）の役割も期待される。

4 求められる介護福祉士像

・（⑫　　　　　　　　　）の実現……介護福祉士には，介護の専門職として幅広い役割が求められている。

→期待されている役割には「尊厳と自立を支えるケアを実践する」こと，「（⑬　　　　　）（生活の質）の維持・向上の視点を持って，介護予防から（⑭　　　　　　　　　　），看取りまで，対象者の状態の変化に対応できる」ことなどがある。

練習問題

◆次の記述が正しければ○，誤っていれば×をつけなさい。

A　介護は，介護福祉士などの専門職によって提供され，資格を持たない家族やボランティアなどが行うことはない。

B　心身の状況に応じた介護には，医師の指示のもとに行われる喀痰吸引や経管栄養も含まれる。

C　介護は，複数の専門職がそれぞれの役割を担うため，協働は必要ない。

D　介護福祉士は，介護の専門職として，地域包括ケアの実現に向けた幅広い役割が求められている。

A		B		C		D	

2 災害時における支援，平常時の防災活動

1 災害時における介護従事者の役割

・日本は，地理的・気候的条件から（① 　　　　　）が発生しやすい。

→介護従事者には，被災した状況下で生活が継続できる介護を提供する役割，被災地の避難所や
（② 　　　　　），介護施設におもむき支援活動を担う役割が期待されている。

2 生活が継続できる介護

災害時は，停電や断水など（③ 　　　　　）が断絶した状況で活動することが想定される。

◎必要となる介護・支援

・エレベーターを使用しない避難経路の確保，階段を含めた（④ 　　　　　）の支援

・調理を必要としない非常食の工夫　・入浴や手洗いに代わる（⑤ 　　　　　）

・水を使用しない方法での（⑥ 　　　　　）（排せつ物の処理を含む）

→生活に必要な備蓄の確保や，それらを適切に介護に取り入れるための訓練が大切である。

3 被災地における支援活動

・要配慮者……災害対策基本法の一部改正（2013年6月）により，「高齢者，（⑦ 　　　　　），乳幼児
その他の特に配慮を要する者」と定義されている。

・（⑧ 　　　　　）……避難先で健康状態が悪化するなどの間接的な被害によって死にいたること。
要介護者などの（⑨ 　　　）に多い。

→被災地の支援活動では，介護が必要な状態にある要配慮者を発見する，避難所生活に適応できな
い要配慮者を適切な場所に（⑩ 　　　）させる，被災地での生活を継続するために環境を整備す
ることなどが必要。

4 派遣支援を担うさまざまなチーム

・派遣支援チーム……医療チーム（DMATなど），社会福祉士や介護福祉士，（⑪ 　　　　　）
などで構成される福祉チームなど。互いに連携し，緊急処置や（⑫ 　　　　　），生活相談などに
当たる。

・社会福祉協議会が設置・運営する災害ボランティアセンター

・日本介護福祉士会による災害救援活動

→災害時には複数の支援チームが集結するため，現地の課題共有や（⑬ 　　　　　）をはかること
が重要。

✎練習問題

◆次の記述が正しければ○，誤っていれば×をつけなさい。

A　福祉避難所は，一般の避難所では避難生活が困難な高齢者と障害者のみを対象としている。

B　被災時に生活を継続できる介護を提供するためには，日常的に訓練を重ねることが大切である。

C　災害関連死には，地震による建物の倒壊などの直接的な被害によって死亡した場合も含まれる。

D　DMATとは，医師や看護師，救急救命士などで構成されている，災害急性期に活動できる機
動性を持ったトレーニングを受けた医療チームのことである。

A		B		C		D	

1 在宅介護の特性

・介護が必要な状態になると，障害によって受ける影響から，トイレや浴槽がうまく使用できなくなる，階段の昇降ができなくなるなど，自宅で過ごすうえで，さまざまな日常的な課題が生じる。

・課題への対応……自宅設備などの環境を整備したり，（①　　　　　　　　　　　）や有料老人ホームなどに住居を移して生活したりする場合がある。

　→環境整備だけでは自立した生活が十分にできない場合は，（②　　　　　　　）を担う介護従事者による支援が必要となる。

・在宅における介護従事者……家族などの同居者，ホームヘルプサービスなどの在宅サービスを担う専門職の（③　　　　　　　　）（ホームヘルパー）。

2 在宅介護における介護従事者の役割

・在宅介護は，利用者の自宅というプライベートで閉鎖的な空間で，基本的に一対一の関係で行われるため，利用者との（④　　　　　　　　）の構築が重要といえる。

　→ニーズに応じた幅広い介護内容を提供できる知識や技術，（⑤　　　　　　）の連絡・協力体制による複数の介護従事者との連携が必要。

・在宅サービスは，（⑥　　　　　　　　）の負担軽減をはかる目的でも活用されている。

3 暮らしの支え方

・（⑦　　　　　　　　　）サービス……介護保険制度では，地域での暮らしの継続に必要なサービスを地域の（⑧　　　　　　）ごとに整備することをめざしている。

　→夜間対応型訪問介護，（⑨　　　　　　　　）・随時対応型訪問介護看護など，24時間体制のサービスが整備されている。

・制度やサービスだけでなく地域住民も含めた支えあいの体制が必要。

4 介護予防という視点

・役割を持った地域活動への参加や，（⑩　　　　　　　　）の維持・向上をめざした取り組みには（⑪　　　　　　　）という視点が重要である。

・介護予防で重視されていること……健康状態の悪化を防ぐことや身体機能の維持・向上をめざした運動などを目的とした（⑫　　　　　　　　　）上のサービス，地域で支えあって暮らすためのボランティア活動の組織化など。

　→市町村による（⑬　　　　　　　　　　　　　　　）として，地域の実情に応じた多様なサービスの整備と展開が進められている。

✎練習問題

◆次の記述のうち，正しいものを１つ選びなさい。

　A　在宅介護を担う介護従事者は訪問介護員のみである。

　B　在宅サービスには，家族介護者が休息をとれるようにするレスパイトケアという支援もある。

　C　在宅介護は，自宅だけで暮らし続けるという視点での支援が必要である。

　D　介護予防・日常生活支援総合事業は，都道府県によって整備が進められている。

▭

4 施設介護従事者の役割

教科書 p.40 〜 p.41

1 施設介護の特性

・施設介護……（①　　　　　　　）を持つ施設において，介護従事者や医療従事者による支援を24時間365日体制で受けられることが特徴。

▶施設介護の利点

・認知症があり，常に（②　　　　　　）が必要な場合
・自宅の設備が障害などに対応できない場合
・定期的な（③　　　　　　）が必要な場合

専門職のマンパワーと設備双方の視点から対応できる。

→施設介護は，比較的自立度の（④　　　　　）利用者を対象とする。

2 施設の機能と種類

・介護保険制度における介護保険施設……（⑤　　　　　　　　　　），介護老人保健施設，介護療養型医療施設，介護医療院
・要介護者に限定しない，有料老人ホームやサービス付き高齢者向け住宅など，自立度が高い段階から利用できる施設もある。

3 施設における介護従事者の役割

・施設介護は，介護が画一的に行われやすいという課題があったが，現在は（⑥　　　　　　　）など，利用者個々の状況や暮らし方に応じて（⑦　　　　　）に介護を提供することをめざした工夫が行われている。
・介護従事者の業務……食事や（⑧　　　　　　　）・入浴などの日常的な介護の他，（⑨　　　　　　　）やレクリエーションなども行う。

→介護福祉士だけでなく，医療職などとも分担・連携したチームで取り組むことが必要。

4 地域貢献活動という役割

・介護施設などを運営する社会福祉法人には「地域における（⑩　　　　　　）な取組」の実施に関する責務がある。

→介護サービスに限定せず，施設が持つ人的・設備的機能を地域のニーズに応じて幅広く活用することをめざす。

　例　施設近隣の単身高齢者や障害者の見守り支援，子どもに対する学習支援など，さまざまな（⑪　　　　　　）活動が展開されている。

練習問題

◆次の記述が正しければ○，誤っていれば×をつけなさい。

A　施設介護では，介護従事者には，利用者が持つ病気や障害の理解と，心身の状況に応じた介護の実践が要求される。

B　介護保険制度における介護保険施設には，要介護者に限定せず利用できる施設もある。

C　介護施設では，利用者個々の状況把握や職員間での情報共有によって，適切な介護を継続することが求められている。

D　社会福祉法人の持つ「地域における公益的な取組」の責務は，介護サービスに限定される。

A		B		C		D	

5 終末期における介護従事者の役割

教科書 p.42 ～ p.43

1 終末期（人生の最終段階）とは

・（①　　　　　）（人生の最終段階）……死が遠くない状態にあり，（②　　　　　）の見込みがないと予測される段階。

▶ **介護福祉分野における終末期（人生の最終段階）のケア**

> ・介護従事者は，本人が住み慣れた（③　　　　　）のなかで日々のケアを継続し，その先に人生の終焉があることをとらえてケアを行う。
> ・本人に寄り添い，死までのその人の生き方を，生活の場において最期の時まで支える。

2 死生観を反映した支援

・終末期（人生の最終段階）に本人が何を望むのかにより（④　　　　　）は異なる。

→それぞれの人生経験に裏づけされた考え方や生き方を肯定し，個々の（⑤　　　　　）を反映した支援を行う。

・（⑥　　　　　　　　　　　　　　　）（ACP）……終末期（人生の最終段階）にある本人の意思を尊重するため，（⑦　　　　　）が低下した時に備え，今後の生活，治療，ケアについて話しあうプロセス。

→本人の人生に敬意を払い，最期の時を穏やかに過ごすための支援を考えることが基本となる。

3 終末期（人生の最終段階）のケアにおける基本姿勢

・終末期（人生の最終段階）ではさまざまな（⑧　　　　　）の低下がある。

→出現する心の痛みやからだの症状は，可能な限り（⑨　　　　　）に努める。

・死期が迫ることにより，さまざまな葛藤が生じる場合もある。

→介護従事者は本人の感情を受けとめ，つらい心情に（⑩　　　　　）ことが大切である。

・生活の場における（⑪　　　　　）……日常生活のなかでの音や人との会話などが本人にとって（⑫　　　　　）を得られる環境となることもある。

→本人の前での不用意な言葉を慎むことを含め，家族には最期まで声をかけ続けることが，本人の孤独感を緩和する助けになるかもしれないことを伝える。

✎練習問題

◆次の記述が正しければ〇，誤っていれば×をつけなさい。

A　2018年3月の「人生の最終段階における医療・ケアの決定プロセスに関するガイドライン」の改訂において，医療・ケアチームの対象に介護従事者が含まれることが明確化された。

B　アドバンス・ケア・プランニングは，本人の状態の変化により意思が変わることが前提であるため，繰り返し行われる。

C　終末期（人生の最終段階）ではさまざまな機能の低下があるが，最期まで残るのは視力だといわれている。

D　看取りでは，本人の前での不用意な言葉を慎むため，声をかけることを避ける。

A		B		C		D	

年　　　組　　　番　　　名前

検印

1 専門職の倫理

教科書 p.44 〜 p.45

■ 倫理とは

・倫理……（①　　　　）とする行為であり，人がその時の状況や条件のもと，どのように行動するかの指針となるもの。

■ 専門職と倫理

・専門職には，その職業に従事するために必要な要件として，拠り所となる（②　　　　　）がある。

→介護福祉士，医師や看護師，社会福祉士など，人とかかわるさまざまな専門職には，（③　　　　　）といわれる行動基準がある。

・（④　　　　　　　　　　）……1995年に日本介護福祉士会が定めた，介護福祉士の専門職としての責務を明らかにするための行動指針。

▶日本介護福祉士会倫理綱領の7項目

❶利用者本位，自立支援	❺利用者ニーズの代弁
❷（⑤　　　　　）サービスの提供	❻地域福祉の推進
❸プライバシーの保護	❼後継者の育成
❹総合的サービスの提供と積極的な（⑥　　　　），協力	

■ 介護従事者としての倫理

❶利用者主体と自己決定

　人はみな，生まれながらにして人間として侵しがたい存在であることを主張できる権利を有している（（⑦　　　　）人権）。人生の最期まで「自分らしく」あるために，その人が（⑧　　　　　　　）を持っていることを忘れてはならない。

❷個人の尊重と個別性の原則

　自分の（⑨　　　　）を「ものさし」にして他者をはかるのではなく，差や違いを認め，大切にする姿勢が望まれる。

❸プライバシーの保護と（⑩　　　　　）

　介護従事者は，知り得た（⑪　　　　）をむやみにもらしてはならない。また，排せつや入浴の支援では特に細心の注意を払い，その人の（⑫　　　　　　　）を保護する必要がある。

✎練習問題

◆次の記述のうち，誤っているものを1つ選びなさい。

A　倫理とは，理想とする行為であり，人がどのように行動するかの指針である。

B　日本介護福祉士会倫理綱領は，介護福祉士の専門職としての責務を明らかにするために定められた行動指針である。

C　人はみな，生まれながらにして基本的人権を有している。

D　介護従事者は，プライバシーの保護の観点から，利用者個人や家族，家庭の日常生活を知ってはならない。

2 専門職としての基本姿勢

教科書 p.46 〜 p.47

1 介護福祉士の専門領域

・急速な高齢化の進展と共に，（①　　　）を担う専門職が必要となった。

→介護の目的は，継続する生活の営みを支えることであり，（②　　　　）を引き出す支援である。

▶社会福祉士及び介護福祉士法

1987 年	制定。
2007 年	改正。介護福祉士養成カリキュラムは「人間と社会」，「介護」，「（③　　　　）とからだのしくみ」の 3 領域になった。
2011 年	改正。介護福祉士養成カリキュラムに「（④　　　　）」（喀痰吸引等）が加わり，4 領域となった。

2 介護の専門性を支える生活支援技術

・生活支援は，支援が必要な人の生活全体を視野に入れて実践する。

→その人の生きてきた背景や文化，価値観や（⑤　　　　）をとらえ，介護過程として展開する（⑥　　　　）を提供することが重要。支援を行う際には，（⑦　　　）な知識に裏づけられた実践が求められる。

3 専門職としての基本姿勢

・介護従事者が利用者の支援をするための前提として，利用者に「この人にならお願いしたい」，「信頼できる」と思ってもらえることが必要。

→身なりを整え，利用者が話しやすいような雰囲気をつくる。（⑧　　　）・共感しながら話を聞く姿勢が利用者との信頼関係（（⑨　　　　））を形成する第一歩となる。

▶バイステックの 7 原則……対人支援における関係形成のための原則。

❶（⑩　　　）の原則	❺非審判的態度の原則
❷意図的な感情表出の原則	❻自己決定の原則
❸統制された情緒的関与の原則	❼（⑫　　　）の原則
❹（⑪　　　）の原則	

 専門職の基本姿勢として重要。

練習問題

◆次の記述が正しければ〇，誤っていれば×をつけなさい。

A　介護には，その人の充足感を満たすために文化的な視点が必要となる。

B　社会福祉士及び介護福祉士法の2007年の改正により，介護福祉士養成カリキュラムに「医療的ケア」が加わった。

C　支援を行う際には，なぜその方法を選択したのかというプロセスを説明する必要はない。

D　傾聴・共感しながら話を聞く姿勢は，利用者との信頼関係（ラポール）を形成する第一歩となる。

A		B		C		D	

3 プライバシーの保護

教科書 p.48 〜 p.49

1 プライバシーの保護

▶プライバシーとは

- ・個人や家庭内の私生活，個人の秘密，それが他人から干渉・（①　　　）を受けない権利
- ・自己の（②　　　）をコントロールできる権利

→近年，インターネットやSNS（ソーシャル・ネットワーキング・サービス）の普及により，プライバシーを侵害するケースが増加している。

2 個人情報の保護

・個人情報の（③　　　）に関する法律……2003年に一部施行され，2005年に全面施行された。（④　　　）を明確に定義し，外部に流出して不正に悪用されることを防ぐ目的で管理を厳重にすることを意図して制定された。

→この法律は，個人の（⑤　　　）を保護することを目的とするものであって，個人情報の利用を単に制限するためのものではない。

・介護に関する個人情報……介護を行う過程で知り得た利用者の（⑥　　　）に関する状況，家族関係などの情報，（⑦　　　）など。

→これらの個人情報は，利用者のケアの質の向上のために使用されることを条件として，多職種間で（⑧　　　）することがあり，慎重に取り扱う姿勢が求められる。

3 介護場面におけるプライバシーの保護

・介護従事者は，利用者の個人的な趣味嗜好や身体状況，入浴や排せつ状況，家族状況や家計などの多くの個人情報を知り得る立場にある。

→知られたくない情報を漏えいすることは利用者との（⑨　　　）を損ねることになる。

◎介護場面におけるプライバシーの保護

- ・利用者の個人情報を収集または使用する場合，そのつど利用者の同意を得るか使用するための（⑩　　　）を行う。
- ・業務上知り得た個人情報について業務中か否かを問わず，秘密を保持する。
- ・記録の保管と（⑪　　　）について慎重に管理・対応する。
  - 例　個人ファイルなどは鍵付き書庫に保管する，パソコンは（⑫　　　）管理する，ファックスやメールの個人名がわからないようにする，など。

✏練習問題

◆次の記述が正しければ〇，誤っていれば×をつけなさい。

A　2020年度は，インターネット上の人権侵害情報に関する人権侵犯事件のうち，プライバシー侵害が2,000件をこえている。

B　個人情報とは，名前，生年月日などにより特定の個人を識別できるものをいう。

C　介護従事者は，利用者の個人情報を収集または使用する場合，そのつど利用者の同意を得るか使用するための契約を行わなければならない。

D　業務上知り得た個人情報については，業務中のみ秘密を保持する姿勢が求められる。

A		B		C		D	

介護実践における連携

年　　　組　　　番　　名前

検印

1 多職種連携とチームケア

教科書 p.50 ～ p.51

1 利用者のニーズと支援する各専門職

▶介護を必要とする高齢者や障害者のニーズ

- ・食事や排せつ，入浴などの日常の（①　　　　　）（介護）に関するニーズ。
- ・治療や（②　　　　　　　　　）といった医療に関するニーズ。
- ・抱えているニーズに対し，活用できる（③　　　　　）についての情報提供や利用手続きに関する支援を必要とする場合。

→多様なニーズに対し，介護従事者による支援だけでなく，各専門職による支援が必要になる。

2 チームケアの意義・目的

- ・利用者の持つニーズを充足させるために，チームによる包括的な支援（（④　　　　　　　））が重要になる。

　→各専門職が利用者のニーズを（⑤　　　　）し，共通の目標を持って，計画的に支援する（⑥　　　　　　　　　）が必要。専門職間による緊密な連携（（⑦　　　　　　　　））が不可欠である。

- ・多職種連携については，社会福祉士及び介護福祉士法の他，（⑧　　　　　　　　　　　　　　）にも示されている。

3 チームケアを実践するために介護従事者がすべきこと

- ・介護従事者が他の専門職と連携するためには，介護福祉職としての強みと限界を知り，各専門職の（⑨　　　　　）と役割を理解する必要がある。

　→介護従事者には，チームの一員として，それぞれの専門性を尊重し，協調して利用者の最善の利益を追求する姿勢が求められる。

- ・各専門職と協働する場合には，円滑な（⑩　　　　　　　　　　　）が不可欠となる。利用者の情報を各専門職に提供するだけでなく，情報や助言を得ることも必要になる。

　→介護従事者は，関連領域に関する知識についても理解し，絶えず（⑪　　　　　　）に向けた取り組みを行うことが求められる。

✎練習問題

◆次の記述が正しければ○，誤っていれば×をつけなさい。

A　介護を必要とする高齢者や障害者は，食事や排せつ，入浴などの日常の生活行為に関するニーズの他に，治療やリハビリテーションなどの医療に関するニーズも合わせ持つこともある。

B　利用者のニーズに対し，各専門職がニーズを個別にとらえて支援した場合には，一体的な働きかけができ，効果が上がる。

C　日本介護福祉士会倫理綱領には，多職種連携について示されている。

D　チームケアは他の専門職と連携して行うため，介護従事者は関連領域に関する知識については理解する必要はない。

A		B		C		D	

1 医師・看護師との連携の必要性

・介護を必要とする利用者は，（① 　　　　　　）に関する問題を抱えていることが多く，医師や

（② 　　　　　　）等の医療従事者による支援が不可欠になる。

→介護従事者は，日常生活の支援から得られた利用者の健康面に関する情報について，医療従事者

と（③ 　　　　　　）していく必要がある。

・医療従事者との連携は，（④ 　　　　　　）の観点からも必要となる。

→介護職員等による（⑤ 　　　　　　）等の行為については，医師や看護師との連携による安全確保

がはかられていることなどが条件となっている。

2 リハビリテーションの専門職との連携の必要性

・自立支援に向けた取り組みでは，（⑥ 　　　　　　　　　　　　　　）の専門職との連携が欠かせない。

→介護従事者は，利用者の（⑦ 　　　　　　）について必要な情報提供を行い，リハビリテーション

の専門職からは支援に関する助言をもらうことで，効果的な支援ができるようになる。

3 管理栄養士との連携の必要性

・管理栄養士は，栄養マネジメントを通して利用者の健康を支える。疾患によっては（⑧ 　　　　）の

指示を受け，（⑨ 　　　　　　）の献立を作成する。

→食事の（⑩ 　　　　　　）などに変化が現れた場合は，管理栄養士と連携をはかって対応する。

4 社会福祉士との連携の必要性

・利用者は，健康や介護に関する問題の他，経済面や（⑪ 　　　　　　）に関する問題を抱えている場合が

ある。（⑫ 　　　　　　）は，利用者の相談に応じ，指導や助言を行う他，関係者との連絡・調整

などの必要な支援に当たる。

→介護従事者は，利用者の（⑬ 　　　　　　）に深くかかわる専門職として，さまざまな問題を発見

することがある。そのような場合，相談援助の専門職である社会福祉士との連携が不可欠となる。

✎練習問題

◆次の記述が正しければ○，誤っていれば×をつけなさい。

A　診断や治療といった医行為を行うことができるのは医師のみであるが，看取り介護における死
亡診断は看護師も行うことができる。

B　リハビリテーションを行う専門職には理学療法士，作業療法士，言語聴覚士があり，いずれも
国家資格である。

C　管理栄養士は医師の指示による治療食の献立を作成するが，利用者への栄養指導や施設の食事
の献立作成は行わない。

D　社会福祉士は，利用者の福祉に関する相談に応じる他，関係者との連絡・調整などの必要な支
援を行う。

A		B		C		D	

3 介護支援専門員との連携

1 キーパーソンとしての介護支援専門員（ケアマネジャー）

・介護支援専門員（（①　　　　　　　　　　　））……各専門職との（②　　　　　　）利用に関する調整を
行う他，利用者・家族と各専門職をつなぐなど，支援の中心的な存在となる専門職である。
　　→介護支援専門員として活動するには，一定の要件を満たしたうえで（③　　　　　　）を受講し，
　　各都道府県に登録手続きを行う。

2 介護支援専門員の役割，専門性

・介護支援専門員の役割……利用者のニーズを把握し，ニーズに応じた（④　　　　　　　　）の調整を行う。

▶ケアマネジメントの概況

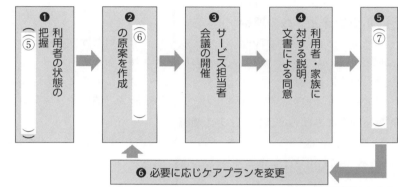

厚生労働省資料より作成

3 介護支援専門員と介護従事者との連携

・介護従事者は，介護支援専門員が作成したケアプランにもとづいて（⑧　　　　　　　　　）を作成し，
それに従って支援を行う。

▶訪問介護事業所の例

・（⑨　　　　　　　　　　　　）がケアプランをもとに，訪問介護計画を作成する。
・訪問介護員（ホームヘルパー）は訪問介護計画にそって利用者の介護を行う。
・サービス提供責任者は，ケアプランと整合性のある介護計画を作成するために，
　（⑩　　　　　　　　　　　）に出席するなどして介護支援専門員との連携をはかり，利用者の
　課題解決に向けた取り組みを行う。

　　→介護従事者は，サービス提供後，介護サービスの利用実績や利用時のようすについて，サービス
　　提供責任者に報告し，サービス提供責任者から（⑪　　　　　　　　　）に報告する。それらの情
　　報は，介護支援専門員がケアプランを見直すうえで貴重な資料となる。

練習問題

◆次の記述のうち，正しいものを 1 つ選びなさい。

A　医師，看護師，介護福祉士の実務経験があれば，介護支援専門員として各都道府県に登録手続
　きを行うことができる。

B　ケアプランを作成する際に検討されるサービスには，家族やボランティアなどによる私的な
　サービスであるインフォーマルサービスは含まれない。

C　サービス提供責任者は，ケアプランをもとに訪問介護計画の作成を行う。

D　介護従事者は，介護サービスの利用実績を直接介護支援専門員に報告する。

4 ボランティアとの連携

1 超高齢社会と地域包括ケアシステム

日本では，団塊の世代が75歳以上となる2025年以降，（①　　　　）や介護の需要が増加し，2042年に高齢化のピークを迎えると予想されている。

→高齢者の尊厳の保持と（②　　　　　　　）の支援を目的に，国は地域の包括的な支援・サービス提供体制である（③　　　　　　　　　　　　　）の構築をめざしている。

・地域包括ケアシステム……重度の要介護状態となっても，住み慣れた地域で自分らしい暮らしを人生の最期まで続けていくことが可能になるよう，住まい・医療・介護・（④　　　　　　）・生活支援が包括的に確保された体制のこと。

2 ボランティアへの期待

・在宅で生活する高齢者の問題……医療や介護の問題だけでなく，日常の（⑤　　　　　）について問題を抱えることで，自立生活がおびやかされる場合がある。

→近隣住民や（⑥　　　　　　　　　　）などによる支えあいによって解決することが可能。

・ボランティアのかかわり……（⑦　　　　　）を防ぎ，地域とのつながりを維持する働きもある。

▶福祉施設におけるボランティアの活躍

> ・住環境整備や（⑧　　　　）支援などに，自身が持つスキルや経験をいかす。
> ・対等でより身近な存在として，（⑨　　　　　）のニーズを把握し，応えることも可能となる。

→利用者の社会生活を充実させることのできる貴重な存在として，活躍が期待される。

3 ボランティアとの協働・調整

・ボランティアが力を発揮するためには，支援を必要とする人のニーズとボランティアの強みをマッチングさせる必要がある。

→地域においては（⑩　　　　　　　　）などがボランティアセンターを設置し，
（⑪　　　　　　　　　　　　　　　）がボランティアの活動を支える役割を果たしている。

・福祉施設はボランティアの活動場所にもなるため，直接対応する職員が必要となるが，
（⑫　　　　　　　）がその役割を担う場合もある。

✎練習問題

◆次の記述が正しければ○，誤っていれば×をつけなさい。

A　日本では，団塊の世代が75歳以上となる2025年に高齢化のピークを迎える。

B　ボランティアは，買い物やゴミ出しなどの日常の生活行為の支援のみを行い，福祉施設での支援は行わない。

C　社会福祉協議会は，社会福祉法にもとづいて設置された団体で，全国・都道府県・市区町村に設置されている。

D　福祉施設においては，ボランティアセンターからの紹介でボランティアを受け入れるケースや，施設が独自にボランティアを募集して養成するケースなどがある。

A		B		C		D	

介護を必要とする人と生活環境

年　　　組　　　番　　　名前　　　　　　検印

1 介護を必要とする人の生活環境

教科書 p.64～p.65

1 生活環境を整えることの意義

・（①　　　　　）……住居の構造や生活に必要な道具などの（②　　　　　），地域のネットワークづくりなどの（③　　　　　）を含め，日常生活を支える環境条件がつながった状態。

・安心して生活を営むために，（④　　　　　）も含めて生活環境ととらえ，整備する。

・介護を必要とする人の生活環境の整備……福祉用具の活用や住宅の改修，介護予防の取り組み，地域における支援のネットワークなど。（⑤　　　　　）とのつながりを意識した支援が必要。

2 バリアフリーとユニバーサルデザイン

◎（⑥　　　　　）……主に高齢者や障害者が安全で住みやすい社会をめざし，バリア（（⑦　　　））を取り除くこと。

・バリア……目に見える物理的バリア，偏見などの心理的バリア，情報にかかわるバリア，制度的なバリアなど。

◎高齢者，障害者等の移動等の円滑化の促進に関する法律（（⑧　　　　　））

「高齢者，身体障害者等の公共交通機関を利用した移動の円滑化の促進に関する法律」（交通バリアフリー法）と，「高齢者，身体障害者等が円滑に利用できる特定建築物の建築の促進に関する法律」（ハートビル法）を統合して2006年に制定。2018年に改正され，基本理念として「共生社会の実現」，「社会的障壁の除去」を旨として行うことが明記された。

◎（⑨　　　　　）……すべての人にとって暮らしやすい，使用しやすいデザイン。
→バリアフリーの実現にもつながる。

▶ユニバーサルデザインの7原則

❶（⑩　　　）が使える。	❺使用方法を誤っても（⑫　　　）で壊れない。
❷好みや能力に応じて使える。	❻弱い力で使える。
❸（⑪　　　）に，直感的に使える。	❼使うのに適切な大きさと広さを持つ。
❹わかりやすい。	

3 自立につながる環境整備

・生活環境を整える→介護が必要な人が安全な生活や（⑬　　　）した生活を送るうえで重要。

・介護が必要な人の望みや思いを尊重しながら，支援を考えることが必要である。

練習問題

◆次の記述が正しければ○，誤っていれば×をつけなさい。

A　生活環境とは，住居や道具などの物的環境のことをさし，人的環境は含まない。

B　介護保険の居宅介護住宅改修費および介護予防住宅改修費の支給には，事前に市区町村で住宅改修の必要があると承認されなければならない。

C　バリアフリーとは，主に高齢者や障害者にとって障壁となるものを取り除き，住みやすい社会をめざすものである。

D　ユニバーサルデザインは，高齢者や障害者にとって使用しやすいデザインをめざしている。

A		B		C		D	

2 介護を必要とする人の背景と生活環境

1 生活歴

◎介護従事者は，介護を必要とする人の（①　　　）を知り，それぞれの人の求める支援を理解して，過去・現在・未来の連続性のなかで，本人をとらえた支援を行う。

・介護を必要とする人が何を大切にしてきたかは，生育歴，家族歴，学歴，職業歴，現病歴，既往歴などの（②　　　）から知ることができる。

◎各年代におけるライフサイクルの特徴を把握しておく。

・（③　　　　　　）……誕生から成長，死にいたるまでの人生の過程。乳幼児期・児童期・成人期・高齢期などの周期に分けて考えることができる。

2 生活習慣

◎介護従事者は，本人の生活習慣を知り，価値観を理解し，その人生を尊重することが大切。

・生活習慣は，長年の生活のなかでつくられる。日々の暮らしから個々の生活様式が生まれ，その人の生き方から（④　　　）が形成される。

◎（⑤　　　）主体のケア……介護従事者の常識から外れていても，本人の（⑥　　　）を受け入れ，人生を尊重し，支援を考えること。それが個別のケアにもつながる。

3 家庭生活や地域生活を支援する環境づくり

・65歳以上の人の家庭内事故が多い。事故の発生場所は（⑦　　　）が最も多い。

▶65歳以上の者の家庭内事故

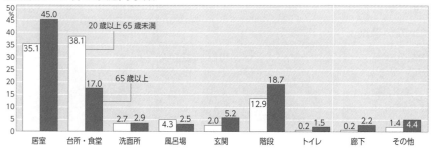

資料：国民生活センター「医療機関ネットワーク事業からみた家庭内事故—高齢者編—」（2013年3月公表）

内閣府「高齢社会白書(2018年)」による

・自宅での暮らしを望む人は多いが，介護が必要な状況になると，何気ない（⑧　　　　　　）をひとりで行うことが困難になる。

❶住みやすい環境を整える。→本人の状態に応じた，自宅の（⑨　　　）や福祉用具の活用。

❷（⑩　　　　）を支援する環境づくり→介護が必要になることで，地域との関係性が遮断されないように，地域社会との関係性を維持するための支援が必要。

練習問題

◆次の記述のうち，正しいものを1つ選びなさい。

A　生活歴はどのような生き方をしてきたかを表すので，職業歴や現在の病歴は含まれない。

B　介護従事者は，介護を必要とする人の現在の姿だけを重視して支援をしていけばよい。

C　介護を必要とする人の思考や行動が介護従事者の常識と外れている場合は，そのつど指摘して，常識に合った支援を行うことが大切である。

D　65歳以上の人の家庭内事故は，居室で発生するものが最も多い。

第2章 高齢者の生活と支援

年　　　組　　　番　　　名前

検印

1 高齢者の活動

教科書 p.68 ～ p.69

1 高齢者の生きがい

・人は，（①　　　　　　）を持つことによって人生の価値や意味を見いだそうとする。60歳以上の人
を対象とした調査でも，全体の約（②　　）割が生きがいを感じていると回答した。

・生きがい……生きるはりあい。生きていてよかったと思えるようなこと。

・高齢者の生きがいを高める要因→❶健康を維持すること，❷家族や仲間との良好な（③　　　　）を
築き，親密な（④　　　　）を持つこと。

2 高齢者パワーの活用

◎（⑤　　　　　　　　）……シニア層が本人の希望に応じて働き続けることができる社会。

　生涯現役社　{ ・現役シニアの（⑥　　　　　　）になる所得につながる。
　会の実現　　{ ・生きがいや（⑦　　　　）をもたらす。　　・若い世代への技能の伝承。

◎就労以外でも生きがいや自己実現をはかることができるように，新しい活躍の場の創出，意欲と活
躍できる場のつながりの強化が必要となる。

3 高齢者の社会参加

◎（⑧　　　　　　　　　　　）……高齢になっても，（⑨　　　　）（生活の質）を低下させること
なく，健康で社会参加をすることや，そのための社会的な取り組み。WHO（世界保健機関）が提
唱している。年齢を重ねることを精力的，能動的に楽しむ考え方。

・内閣府の調査では，高齢者が参加したい活動は，「健康・スポーツ」が最も多い。

・病気の人，障害のある人でも，自分のできることや強みをいかして，仕事や地域社会への貢献（ボ
ランティアなど），団体・サークル活動などに参加するといった積極的な年齢の重ね方もアクティ
ブエイジングである。

4 雇用と就労

◎日本の65歳以上の者の労働力の割合は，
年々（⑩　　　）している。

・「働けるうちはいつまでも」働きたいと
回答したのは60歳以上の就労者では
37.4％，仕事をしていない人を含めた70
代では33％，80代では37.3％。
→高齢者も就業意欲が（⑪　　　）。

▶労働力人口に占める65歳以上の割合

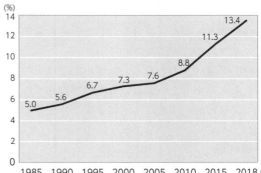

内閣府「高齢社会白書（2019年）」による

練習問題

◆次の記述のうち，正しいものを1つ選びなさい。

A　60歳以上の人を対象とした調査で，生きがいを感じていると回答した人は全体の半数以下である。

B　アクティブエイジングは，高齢になっても身体的に活動的であり，労働に従事する能力のある
高齢者が，若返りを目的として生活することである。

C　日本の労働力人口に占める65歳以上の高齢者の割合は，年々増加している。

D　70代以上では半数以上が「働けるうちはいつまでも」働きたいと考えるほど，就業意欲が高い。

2 高齢者をとりまく環境の考え方

教科書 p.70 〜 p.71

1 身体機能と環境整備

▶加齢による身体機能の低下

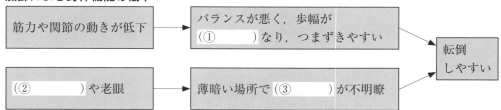

| 筋力や関節の動きが低下 | → | バランスが悪く，歩幅が（①　　　）なり，つまずきやすい | → | 転倒しやすい |

| （②　　　）や老眼 | → | 薄暗い場所で（③　　　）が不明瞭 |

◎転倒事故防止……利用者の身体の状態に合った（④　　　　　）は，介護従事者の負担も軽減。

・安全な歩行の確保　　・段差の解消　　・手すりの設置　　・滑りにくい床材への変更など

2 環境の変化への適応

・高齢者は，自宅を離れて施設に入居，施設から施設への転居，入院や引っ越しなど生活環境が変化することがある。

・（⑤　　　　　　　　　　　）……住環境の急激な変化が身体的・精神的な負担となり，心身の健康を害してしまうこと。特に高齢者に多い。

→昼夜逆転，精神不安，うつ状態，（⑥　　　　　）の症状（見当識障害など）が現れることがある。

・リロケーションダメージで体調を崩したり，（⑦　　　　　）が上がったりすることもある。

→高齢者は新たな環境に適応することが容易でないことを，介護従事者は理解しておく。

3 社会的孤立

◎生活環境の変化，地域コミュニティの希薄化

・（⑧　　　　　）……社会的に孤立し，社会的なつながりのないままに孤独に死亡すること。

→周囲との交流を持とうとしない高齢者は社会的に孤立し，閉じこもりや自殺，孤立死を引き起こす可能性がある。

◎会話の頻度……一人暮らし世帯の60歳以上の高齢者では，他の世帯に比べて，「1週間に1回未満，ほとんど話をしない」という人の割合が多い。特に（⑨　　　）の一人暮らし世帯で多い。

・特に高齢期の環境は生活に影響を与えるので，環境への配慮が必要になる。

✎練習問題

◆次の記述が正しければ〇，誤っていれば×をつけなさい。

A　利用者の身体の状態に合った環境整備を行うと，利用者は生活しやすいが，介護従事者にとっては負担が大きくなる。

B　環境への適応力や問題への対処能力が低下している高齢者にとって，新しい環境に適応することは容易ではないということを，介護従事者が十分に理解する必要がある。

C　災害時に仮設住宅などに入居した高齢者は，元来の生活基盤や近親者から遠く離れることになり，買い物や受診以外，ほとんど家のなかで過ごすことも多い。

D　一人暮らし世帯の高齢者は，他の世帯に比べて会話の頻度が少ない人が多く，特に女性の会話の頻度は少ない。

A		B		C		D	

3 高齢者の生活支援

1 高齢者の身体の特徴

・高齢になると，（①　　　　　）機能，免疫力，抵抗力が低下する。各臓器の機能も低下する。
　→高齢者にはさまざまな変化が現れ，（②　　　）疾患を持つことも多い。

2 加齢による心身の変化と日常生活

◎身体の変化　・視力の低下→細かい文字を判読しにくい。　　　・聴力の低下→日常会話が困難。
　・（③　　　　　　）の機能の低下→息切れ，疲労感の増加。

◎心理的な変化　定年による（④　　　　）的役割の喪失や変化，配偶者や友人との死別など。
　→感情が不安定で，孤立・抑うつから閉じこもりや生きる意欲の低下が起こる場合もある。

▶加齢による心身の機能の変化

感覚機能	視覚	・（⑤　　　　　）により近距離視力が低下する ・暗所に慣れるのに時間がかかる
	聴覚	・（⑥　　　）音域の聴力が特に低下する
	その他	・振動覚，味覚の感受性，嗅覚，痛覚，温度覚などが低下する
運動機能	筋力	・運動の速度が（⑦　　　　）なる
	反応時間	・分類や選択を要する場合の選択反応時間が遅くなる
（⑧　　　　　　　） （ADL）能力		・動作能力（着脱衣，食事摂取，排尿・排便，入浴など）が低下する ・歩行障害
睡眠・覚醒リズム		・夜間覚醒が多くなる　・昼間の睡眠が増加する

3 不活発な状況が生み出す弊害

◎からだを動かさなくなることで，筋肉や関節，心肺などの機能が低下することを（⑨　　　　　　　　）という。
　・日ごろの生活が不活発なために起こる→（⑩　　　　　　　）ともいう。
　・関節の拘縮，内臓機能の低下，褥瘡の発生など　　　・精神機能の低下（認知症状の出現）

◎多くの高齢者は（⑪　　　　　　）（身体機能や認知機能が低下して虚弱になった状態）を経て要介護状態に進む。フレイルに早く気づき，介護従事者が介入（治療や予防）することが大切である。

4 高齢者に多い疾患や症状

◎加齢により（⑫　　　　　）（体力・生理機能の最大能力と通常の体力・生理機能の能力の差）が低下し，病気にかかりやすい。→長期の安静・臥床は（⑬　　　　　　　　）になりやすい。
　・（⑭　　　　　　）には病気が隠れている場合があるので，変化を見逃さないようにする。

✎練習問題

◆次の記述が正しければ〇，誤っていれば×をつけなさい。

　A　廃用症候群は，生活が不活発な状態が続くことで心身の機能が低下することである。
　B　身体の予備力は，年を取るにしたがって向上する。
　C　高齢者の多くはフレイルを経て要介護状態に進むので，フレイルを見逃さないようにする。
　D　高齢者に多く見られる高血圧症や糖尿病，頭痛，関節痛などは重なって起こることはない。

A		B		C		D	

第3章 障害者の生活と支援

年　　　組　　　番　名前

検印

1 障害とは何か

教科書 p.74 ～ p.75

1 障害とは何か

◎（①　　　　　　　　　）による障害者の定義……「身体障害，知的障害，精神障害（発達障害を含む。）その他の心身の機能の障害がある者であつて，障害及び社会的障壁により継続的に日常生活又は社会生活に相当な制限を受ける状態にあるものをいう」としている。

・障害者総合支援法では，障害者の定義に（②　　　　　）等が追加された。

2 障害の概念の変遷

◎（③　　　　　　　　　）……1949年に，障害者に対する施策として初めて制定された。この時代の障害者福祉は機能回復という側面が強かった。

◎WHO（世界保健機関）の動き

・ICIDH（（④　　　　　　　　　　　））……1980年に発表された障害レベルの国際分類。障害というマイナス面に注目し，「疾患・変調」，「機能・形態障害」，「能力障害」，「社会的不利」からなる。

・ICF（（⑤　　　　　　　　　　　））……2001年に採択されたICIDHの改定版。「心身機能・身体構造」，「活動」，「参加」の次元と，それに影響を及ぼす「個人因子」と「環境因子」。

→障害のある人だけでなく，すべての人に対する分類であり，中立的な表現になっている。

▶ICFの概念図

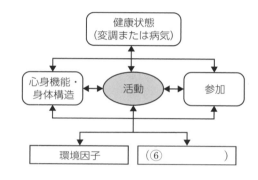

3 障害者に対する具体的な支援

❶（⑦　　　　　　　　　）……バリア（障壁）を取り除くという考え方。2006年にバリアフリー新法が施行され，建築物，公共交通機関，道路などのバリアフリー化が推進されている。

❷（⑧　　　　　　　　　）

・行政機関や事業所が，障害のある人に対して，正当な理由なく，障害を理由としてサービスの提供を拒否するなどの不当な差別的取扱いを行うことの禁止，障害のある人から対応を求められた時に負担が重すぎない範囲で対応する合理的配慮の提供が定められている。

❸（⑨　　　　　　　　　　　）……身体障害者福祉法に定める身体上の障害がある者に対して，身体障害者手帳が交付される。

・等級は（⑩　　　　）である1級から6級まで。税金の減免や交通機関の割引などがある。

❹（⑪　　　　　　）……病気やけがで障害者となった場合，一定の条件を満たすと受給できる。国民年金加入者を対象とする障害基礎年金と厚生年金加入者を対象とする障害厚生年金がある。

練習問題

◆次の記述のうち，正しいものを1つ選びなさい。

A　日本では，障害者に対する初めての施策として，障害者総合支援法が1949年に制定された。

B　障害者差別解消法では，障害者への不当な差別的取扱いを禁止している。

C　1980年にWHOからICF（国際生活機能分類）が発表された。

D　障害年金は，障害の等級が軽度である6級の人から支給される。

2 肢体不自由者の生活と支援

教科書 p.76 〜 p.77

1 肢体不自由とは

◎（①　　　　　　　　）……四肢，体幹に永続的な障害のあるもの。身体障害者福祉法では，上肢，下肢，体幹，乳幼児期以前の非進行性の脳病変による（②　　　　　　）障害に区分される。

・身体障害者手帳所持者のうち，肢体不自由の割合は（③　　　　）％と最も高い。（2016年厚生労働省調査）

2 肢体不自由者の生活上の困難と支援

◎上肢欠損……日常生活に多大な支障をきたすが，自分に合った義手の装着によって，通常の日常生活を送ることが可能になる場合もある。

・義肢を製作する（④　　　　　　　），義手を使用できるように訓練する（⑤　　　　　　　）などの専門職がサポートする。

◎下肢不自由……移動が困難になる。

・一下肢欠損……（⑥　　　　）の装着で歩行が可能になる場合がある。

・両下肢欠損や脊髄損傷による対麻痺……（⑦　　　　　　）の使用が有効。段差や階段があると移動が困難になるので，（⑧　　　　　　　　）の環境整備が重要となる。

◎上肢や下肢に障害がある人でも，義手，義足，車いすなどの使用によって，日常生活はもちろん，余暇活動を楽しむことができる。

3 体幹機能に障害のある人などの生活上の困難と支援

◎体幹機能に障害がある人……移動や歩行に支障が出る。

・歩行時に（⑨　　　　　）の使用，立ち上がり動作の補助に（⑩　　　　　　）の設置，転倒予防に段差の解消などが有効。

・（⑪　　　　　　　　　）……四肢・体幹の変形の予防，矯正や座位保持などのために使う。

◎脳性麻痺……胎児や乳児の脳の非進行性の病変によって運動や姿勢に異常が現れる状態。痙直型，アテトーゼ型などがある。

・（⑫　　　　　　　　　　　　　　　）……背もたれと座面の角度が調整でき，からだがずれ落ちにくい車いす。褥瘡予防にも役立つ。

✎**練習問題**

◆次の記述が正しければ〇，誤っていれば×をつけなさい。

A　身体障害者福祉法の身体障害者障害程度等級表では，肢体不自由を上肢，下肢だけに区分している。

B　在宅の身体障害者手帳所持者のうち，肢体不自由の割合は，他の障害に比べて少なくなっている。

C　上肢，下肢に障害がある場合も，義手や義足，車いすなどを使用することで，通常の日常生活を送ることができる場合がある。

D　脳性麻痺は胎児や乳児の脳にある非進行性の病変によって起こる。

A		B		C		D	

1 視覚障害とは

◎視覚障害は 1 級から 6 級に区分される。視力だけでなく，視野角度などにも基準が設けられている。

（①　　　）	光を感じない状態
（②　　　）	眼球に病変のない低視力の状態
ロービジョン	視覚情報をある程度使える状態

2 視覚障害者の生活上の困難と支援

◎視覚障害者は視覚以外の手段で情報を得る必要がある。

- （③　　　）……視覚障害者の代表的なコミュニケーション手段。エレベーターのボタンなど，日常生活にも見られる。→高齢の中途失明者には習得が難しい場合もある。
- 紙幣の識別マーク，パソコンの音声読み上げ機能などもある。

◎安全な外出のために，視覚障害者の多くは（④　　　）を使用して（⑤　　　　　　）をたどる。駅のホームへの転落防止のためにホームドアの設置が進められている。移動支援のサービスもある。

3 聴覚障害，言語機能障害とは

◎（⑥　　　　　）……聴力レベルが低下した状態。

（⑦　　　）	音声言語獲得前に失聴した人
中途失聴者	音声言語獲得後に失聴した人
（⑧　　　）	聞こえにくいが，聴力が残っている人

両耳の聴力レベルがそれぞれ 100 デシベル以上（両耳全ろう）→身体障害者障害程度等級表では（⑨　　　）となる。

◎（⑩　　　　　　　）……構音障害や音声障害，失語症で発音や音声言語が理解できない障害。

- 音声機能，言語機能，咀しゃく機能の喪失→身体障害者障害程度等級表では 3 級に該当。

4 聴覚障害者，言語機能障害者への支援

◎コミュニケーション手段の例……（⑪　　　　），筆談など。手話を用いて支援する（⑫　　　　　　），文字により情報を伝達する（⑬　　　　　）などの専門職がサポートする。

◎失語症……話す，理解する，読む，書く，計算することについて困難が生じる疾患。

- コミュニケーションの際は，文章を短く，はっきり伝え，相手の発言をゆっくり待つ。
- 筆談やイラスト，ジェスチャーを使うほか，トーキングエイド，携帯用会話補助装置などを使用する。（⑭　　　　　）（ST）は話すことや聞くことをサポートする専門職。

5 視覚・聴覚の重複障害

◎（⑮　　　　　　）……視覚・聴覚の両方に障害がある人。コミュニケーションには配慮が必要。

- 触手話……相手の手に触れて，手話の形を手で読み取る。

✐練習問題

◆次の記述のうち，誤っているものを 1 つ選びなさい。

- A　視覚障害は，身体障害者福祉法では，等級が 1 級から 6 級に区分されている。
- B　視覚障害者のコミュニケーション手段である点字は日常生活のなかでも見られる。
- C　聴覚障害の両耳全ろうは，身体障害者障害程度等級表では，1 級に該当する。
- D　聴覚障害者のコミュニケーション手段として，手話がよく使われる。

4 内部障害者の生活と支援

教科書 p.80 〜 p.81

1 内部障害とは

◎内部障害……内臓の機能が疾患などで障害され，日常生活が制限されること。

❶（①　　　　）機能障害……心臓の機能が低下し，疲れやすく，すぐに息苦しくなる。心不全症状，狭心症状が出ることもある。ペースメーカーが必要になることもある。

❷腎臓機能障害……腎臓の機能の障害により，日常生活活動が制限される。人工透析が必要になる場合もある。

❸呼吸器機能障害……（②　　　）の疾患などにより，日常生活活動が制限される。在宅酸素療法を行う場合もある。重度の場合は常時人工呼吸器を使用する。

❹膀胱または直腸の機能障害……膀胱または直腸の疾患などにより，排せつが困難になり，（③　　　　　）の造設が必要になる場合がある。1984年に内部障害に加えられた。

❺小腸機能障害……クローン病などの小腸疾患により，（④　　　　）による栄養摂取が困難になる。中心静脈栄養や経管栄養で栄養摂取を行う。1986年に内部障害に加えられた。

❻ヒト免疫不全ウイルスによる免疫機能障害……ヒト免疫不全ウイルス（（⑤　　　　））に感染し，障害程度等級表の基準に該当した場合が対象。1998年に内部障害に加えられた。

❼肝臓機能障害……肝硬変などにより，肝臓機能の障害が重症化し，回復不能となった場合が対象。2010年に内部障害に加えられた。

2 内部障害者への支援

◎内部障害者の円滑な社会生活……周囲の理解とサポートが必要となる。

例）定期的な人工透析が必要な腎臓機能障害者には，勤務体系の工夫など職場の配慮が必要。

◎（⑥　　　　　　　　　）……内部障害があることを周囲に知ってもらうためのマークで，支援や配慮を必要とする人を示す。

例）内部障害や難病，義足や人工関節を使用する人，妊娠初期の人。

◎（⑦　　　　　　　　　）……人工肛門や人工膀胱を造設した人。（⑧　　　　　　　　　）はオストメイト対応のトイレであることを示す。

◎内部障害の人の割合は増加している。

→（⑨　　　　　）に伴う増加と考えられ，今後さらに増加していくことが予想できる。

▶**身体障害児・者の障害別割合**

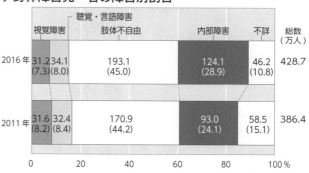

	視覚障害	聴覚・言語障害	肢体不自由	内部障害	不詳	総数（万人）
2016年	31.2 (7.3)	34.1 (8.0)	193.1 (45.0)	124.1 (28.9)	46.2 (10.8)	428.7
2011年	31.6 (8.2)	32.4 (8.4)	170.9 (44.2)	93.0 (24.1)	58.5 (15.1)	386.4

厚生労働省「生活のしづらさなどに関する調査（全国在宅障害児・者等実態調査）（2016年）」による

📝練習問題

◆**次の記述が正しければ〇，誤っていれば×をつけなさい。**

A　ヒト免疫不全ウイルスによる免疫機能障害は，1998年に内部障害に加えられた。

B　肝臓機能障害は，1986年に内部障害に加えられた。

C　内部障害を持つ人を示すマークはオストメイトマークである。

D　身体障害者手帳を持つ人のなかで，内部障害の人の割合は増加している。

A		B		C		D	

5 知的障害者の生活と支援

1 知的障害とは

◎知的障害の定義……法的な定義は示されていないが，一般には「知的機能の障害が発達期（おおむね（①　　　）歳まで）にあらわれ，日常生活に支障が生じているため，何らかの特別の援助を必要とする状態にあるもの」（1990年「精神薄弱児(者)福祉対策基礎調査」より）とされる。

2 療育手帳

◎ （②　　　　　　　）……知的障害者が税金の控除や減免，交通機関の割り引きを受けられる手帳。
・名称は都道府県で異なる。障害の程度の区分は（③　　　　　）がA，その他がBとなる。
・2019年度末では療育手帳交付台帳登載数は約115万人。

3 知的障害者への支援

❶乳幼児期……乳幼児健診などでわかることがある。早期発見・早期療育が重要。
・知的障害児への福祉サービスは（④　　　　　　　）にもとづいて行われる。
・障害児へのサポートだけでなく，家族の障害受容の心理的サポートも重要となる。

❷学齢期……（⑤　　　　）ニーズへの対応が課題となる時期。
・通常学級，特別支援学級，特別支援学校のどこで学習するかを選択する。
・放課後等デイサービス……放課後や長期休暇中に，障害児の自立促進や居場所づくりとなるサービス。

❸青年期……就労や生活自立のニーズが生じる時期。
・（⑥　　　　　）支援……通常の事業所に雇用されることが可能と見込まれる者に必要な訓練を行う。
・（⑦　　　　　）支援……通常の事業所に雇用されることが困難な者に，働く場所を提供すると共に，必要な訓練を行う。
・共同生活援助（（⑧　　　　　　　　　　））……親元を離れ，自立した生活をめざす場合に利用。

❹壮年期……親との死別後の自立した生活を考える時期。
・知的障害者を大規模施設に収容する政策→（⑨　　　　　　　　　　　）の理念により，地域生活への移行をめざす。
・（⑩　　　　　　　　　）…2018年障害者総合支援法の改正で新設。障害者支援施設や共同生活援助（グループホーム）から一人暮らしをする際に，定期的な巡回訪問などを行うサービス。

◎ （⑪　　　　　　　）……不動産や預貯金を管理するなど，知的障害者の保護と支援を行う。
・法定後見制度……後見，保佐，補助があり，本人の判断能力に応じて選択する。
・任意後見制度……本人が十分な判断能力があるうちに，あらかじめ自らが選んだ代理人に代理権を与える。

🖊練習問題

◆次の記述のうち，誤っているものを 1 つ選びなさい。

A　2019年度の福祉行政報告例によると，療育手帳交付台帳登載数は約50万人である。

B　知的障害児に対する福祉サービスは，児童福祉法にもとづいて行われる。

C　現在，壮年期の知的障害者には，大規模施設ではなく，地域生活への移行がめざされている。

D　知的障害者の不動産や預貯金を管理する制度には，成年後見制度がある。

6 発達障害者の生活と支援

1 発達障害の定義と特徴

◎発達障害……（①　　　　　　　　　　　　　）では「自閉症，アスペルガー症候群その他の広汎性発達障害，学習障害，注意欠陥多動性障害その他これに類する（②　　　　　　）の障害であってその症状が通常低年齢において発現するものとして政令で定めるものをいう」と定義する。

・発達障害は外見から理解することが難しい→周囲の理解を得ることが難しい。

・発達障害への対応……早期発見と（③　　　　　　　　　　）に応じた支援が必要となる。

2 自閉症

◎自閉症……「（④　　　）歳くらいまでに現れ，❶他人との社会的関係の形成の困難さ，❷（⑤　　　　　）の発達の遅れ，❸興味や関心が狭く特定のものにこだわることを特徴とする行動の障害であり，（⑥　　　　　　　　　）に何らかの要因による機能不全があると推定される」（文部科学省による定義）

・自閉症への対応……短く，簡単な言葉で伝えたり，イラストを活用したりする。

3 アスペルガー症候群

◎アスペルガー症候群……発達障害の1つで，（⑦　　　　　　）の遅れや言葉の発達の遅れを伴わないもの。

・特徴……❶「（⑧　　　　　　）の障害」→相手の感情を想像できない。

❷「コミュニケーションの障害」→曖昧な表現を理解できない，文字どおり受け取る。

❸「パターン化した興味や活動」→予定外のことに柔軟に対応できない。

・アスペルガー症候群への対応……曖昧な表現を避ける，スケジュールをあらかじめ伝える。

4 学習障害（LD）

◎学習障害……「基本的には全般的な知的発達に遅れはないが，聞く，話す，読む，書く，計算するまたは推論する能力のうち，特定のものの習得と使用に著しい困難を示すさまざまな状態をさす」（文部科学省による定義）

・ディスレクシア（（⑨　　　　　　））の症状……かすみ文字，ゆがみ文字，かがみ文字など。

5 注意欠陥多動性障害（ADHD）

◎注意欠陥多動性障害……「年齢あるいは発達に不釣り合いな注意力，及び/又は衝動性，多動性を特徴とする行動の障害で，社会的な活動や学業の機能に支障をきたすものである。また，（⑩　　　）歳以前に現れ，その状態が継続し，（⑪　　　　　　　　）に何らかの要因による機能不全があると推定される」（文部科学省による定義）

練習問題

◆次の記述が正しければ〇，誤っていれば×をつけなさい。

A　発達障害は，自閉症，アスペルガー症候群，学習障害，注意欠陥多動性障害などの症状が低年齢から発現するものである。

B　自閉症は，通常3歳ごろまでに現れる。

C　アスペルガー症候群は，知的発達や言葉の発達の遅れを伴う。

D　注意欠陥多動性障害は，読む，書く，計算などの能力のうち特定の能力に著しい困難がある。

A		B		C		D	

7 精神障害者の生活と支援

教科書 p.86 ～ p.87

1 精神障害者とは

◎精神障害者……（①　　　　　　　　　　）（精神保健及び精神障害者福祉に関する法律）で，
「（②　　　　　　　），精神作用物質による急性中毒又はその依存症，知的障害，その他の精神疾患
を有する者をいう」と規定されている。

2 精神障害者の状況

◎「患者調査（2017年）」
　・精神障害者の数……約419万人。
　・外来約389.1万人→（③　　　　　）傾向。気分（感情）障害の割合が最も多く，30％をこえる。
　・入院約30.2万人→（④　　　　　）傾向。統合失調症の割合が最も多く，50％をこえている。

3 精神障害者保健福祉手帳

◎精神障害者は市町村に（⑤　　　　　　　　　　　　　　　　）の交付を申請できる。等級は1級から3級。
　→交通機関の運賃割引・減免，税金の控除・減免を受けることができる。

▶障害等級

等級	障害の程度
（⑥　）級	精神障害であって，日常生活の用を弁ずることを不能ならしめる程度のもの。
（⑦　）級	精神障害であって，日常生活が著しい制限を受けるか，または日常生活に著しい制限を加えることを必要とする程度のもの。手帳交付台帳登載数が最も多い。
（⑧　）級	精神障害であって，日常生活もしくは社会生活が制限を受けるか，または日常生活もしくは社会生活に制限を加えることを必要とする程度のもの。

4 精神障害者への支援と予防

◎現代では，だれもがうつ病やアルコール依存症などになる可能性があるため，
　（⑨　　　　　　　　　　）が重要。
　➡うつ病などの気分障害の患者は100万人をこえる。
　・学校での対応……生徒の心のケアを行う（⑩　　　　　　　　　　），電話相談など。
　・職場での対応……ストレスチェック制度など。
　・（⑪　　　　　　　）……症状が安定していて，入院の必要はないにもかかわらず，退院後の受け
　　皿がないため，継続して入院すること。
　・（⑫　　　　　　　　）……精神障害者の生活支援や社会復帰を支援する専門職。

練習問題

◆次の記述のうち，誤っているものを1つ選びなさい。
　A　精神障害者の外来患者数は増加傾向にあるが，入院患者数は減少傾向にある。
　B　精神障害者保健福祉手帳の等級は1級が最も重く，3級が最も軽い。
　C　うつ病などの精神疾患になるのは特別な人ではなく，だれでもなる可能性がある。
　D　社会的入院は，症状が悪化して入院治療が必要になった場合の入院である。

第4章 介護を必要とする人の生活を支える支援

年　　　組　　　番　　　名前

検印

1 観察

教科書 p.88 ～ p.89

1 観察の意義・目的

◎介護の目的……尊厳や（①　　　　　）の実現。利用者の状態や症状の（②　　　　）が必要。

・観察……利用者の現在の状態を把握するために，介護の知識や技術，（③　　　　）（視覚・聴覚・触覚・嗅覚・味覚）を働かせて，情報を得ること。

▶情報の種類

情報の種類		方法	内容
客観的情報		（④　　　　）	・五感を通して客観的に把握できること
		検査・測定	・身長，体重，BMI，視力・聴力ほか ・ADL など「できる・できない」で表せること ・要介護度，認知機能評価など
（⑤　　　　） 的情報	介護従事者	介護従事者の観察や共感など	・客観的な事実を利用者がどうとらえているか ・利用者の感情・意欲・希望・願いなど
	利用者	言葉や表情，態度などの表現	・利用者の言葉による感情・意欲・希望・願い ・利用者が表現した表情・態度など

2 いつもと違う状態の発見

◎介護従事者は，利用者の日常の（⑥　　　　）を知り，利用者の（⑦　　　　　　）にいち早く気づけるようにする。

・いつもと違う状態……元気がない，顔色がすぐれない，食欲がないなど。

・日常の生活状況……食事や水分の摂取量，活動量，排便や排尿の回数など。

・（⑧　　　）的にとらえられるように数値化し，正確に伝えられるように適切に記録する。

3 けがや病気の時の対応

◎病気やけがの治療後に確認すること……「いつごろから日常生活に戻れるか」，「そのために気をつけなければならないことはあるか」という情報。

・自立した生活を送れるようにするために，長期安静時に起こる（⑨　　　　　）を予防する。

4 人間の欲求

◎（⑩　　　　　　　　　　　　　）……人間の欲求は，生理的欲求→安全の欲求→社会的欲求→承認の欲求→自己実現の欲求の5階層に分けられる。生理的欲求がすべての欲求の土台になる。

・生理的欲求を満たし，それぞれの欲求段階を達成できるように，介護従事者は利用者の状態を観察する。

練習問題

◆次の記述が正しければ○，誤っていれば×をつけなさい。

A　利用者の情報は，検査などの客観的情報と，介護従事者自身の主観的情報を集めればよい。

B　利用者のいつもと違う状態に気づくために，ふだんから利用者の生活状況を知っておく。

C　利用者の長期安静が必要になった際は，廃用症候群が起こらないように注意する。

D　介護従事者は，利用者の生理的欲求を満たせれば，それ以上の欲求は考えなくてもよい。

A		B		C		D	

2 コミュニケーション

教科書 p.90 ～ p.91

1 コミュニケーション

◎（①　　　　　　　　　　）……社会生活を営む人間が互いに意思や感情, 思考を表現しあうこと。
　→よりよい人間関係・信頼関係をつくり上げることにつながる。
　・介護従事者は介護技術の提供を通して, コミュニケーションをはかり, 利用者との間に
　　（②　　　　　　　）をつくるようにする。

2 利用者を知る

◎利用者は, 何らかの理由で生活上の不自由さを持つ。利用者とのコミュニケーションのためには,
　利用者の（③　　　　　）を知ることが必要。
　・一人ひとりに応じたコミュニケーションをとるために, 利用者の身体的・心理的・社会的な特徴
　　を広い視野でとらえることが必要。

3 コミュニケーションの方法

◎（④　　　　　　　　　　　　　）……言葉を用いて情報の内容を伝える。
◎（⑤　　　　　　　　　　　　　）……言葉を用いずに, 思いや感情を伝える。
　→ジェスチャー, 表情, 姿勢, うなずきなど。
　・利用者との信頼関係を築くために, コミュニケーションをとる際, 姿勢や, 視線, 表情に注意す
　　る。
　　→からだを向け, 目を見て, 穏やかに話しかける。

4 コミュニケーションの際の基本的態度

❶（⑥　　　　　　　）の形成……利用者やその家族のプライバシーを守り, 尊重する。介護従事者は
　個人情報にかかわることが多いので, それらの情報を守る。
❷（⑦　　　　　）……利用者の話をよく聞く。偏見や先入観を持たない。
❸（⑧　　　　　）……利用者の立場に立って理解する。介護従事者の価値観で考えない。
❹（⑨　　　　　）……利用者の意見, 生き方や感情を受け入れる。利用者の精神的安定をはかる。

5 他の職種とのコミュニケーション

◎各専門職はその専門職の視点で利用者の状態を見ようとするため, 支援内容が異なることがある。
　→介護にかかわる専門職は介護従事者, 医師, 看護師, 歯科医師, 栄養士, 理学療法士ほか。
　・専門職の役割を理解しあい, 他職種との（⑩　　　　　　　　　　　）をはかりながら, 支援を行
　　う必要がある。

練習問題

◆次の記述のうち, 正しいものを 1 つ選びなさい。

　A　非言語的コミュニケーションは, 言語的コミュニケーションほど重要視しなくてもよい。
　B　利用者と十分にコミュニケーションをとるためには, 利用者のプライバシーを尊重しなくても
　　よい。
　C　利用者を理解する時は, 自分の価値観だけで考えず, 利用者の感情表現を大切にする。
　D　介護従事者は専門職としての視点から利用者を支援するべきなので, 他職種とのコミュニケー
　　ションをはかる必要はない。

3　介護技術の基本

教科書 p.92 ～ p.93

1　介護に必要なボディメカニクス

◎（①　　　　　　　　　　　）……からだ（骨格，筋肉，神経，内臓など）の動きやしくみのこと。
→ボディメカニクスを活用し，（②　　　　）の力で最大の効果が得られる介護技術を身につけることで，利用者と介護従事者の疲労を軽減できる。

2　ボディメカニクスの原則

◆ボディメカニクスの原則

❶利用者にできるだけ（③　　　　　　）。	❺足先を動作の方向に向け，重心移動をする。
❷利用者を小さくまとめる。	❻大きな筋肉群を使う。
❸（④　　　　　　　）を広くする。	❼（⑥　　　　　）に移動する。
❹ひざを曲げ，（⑤　　　　　）を下げ，骨盤を安定させる。	❽（⑦　　　　　）の原理を応用する。

3　介護を実践するときの声かけ

◎支援を行う前にはこれから何を行うのか，利用者に説明し，（⑧　　　　）を得る。
→（⑨　　　　　　　　　　　　）という。
・声をかけることで利用者が動く準備と（⑩　　　　　）ができ，利用者と介護従事者が同じ動作を行える。→双方の負担が少なくなり，利用者の自立支援につながる動作が可能になる。

▶立ち上がり支援の介助と声かけ例（片側に麻痺がある場合）

介助	声かけ例
❶（⑪　　　　　）を合わせて声をかける	○○さん，一緒に立ち上がりましょう。
❷介護従事者は（⑫　　　）側に立つ	足を引いて立ち上がりやすい位置にしましょう。
❸患側のひざを支えて，立ち上がりを支援する	ゆっくりおじぎするように立ち上がりましょう。
❹姿勢が安定するまで手を放さない	めまいやふらつきはありませんか。 足に力が入っていますか。

・（⑬　　　　）の動きの誘導……利用者が次にどの方向に動くか考えて，目線を誘導すると，利用者のスムーズな移動につながる。
→動作ごとに目線の動きを促し，（⑭　　　　　　　　　）を活用して介護技術を提供する。

✍練習問題

◆次の記述が正しければ〇，誤っていれば×をつけなさい。

　A　利用者からできるだけからだを遠ざけるようにすると，より容易に介助することができる。
　B　利用者を小さくまとめたほうが，より容易に介助することができる。
　C　立ち上がり支援などは介護従事者の力で行うので，利用者への声かけは必要ない。
　D　片側に麻痺がある人の立ち上がり支援の際は，介護従事者は，麻痺のある側に立つ。

A		B		C		D	

第3編

4 居住環境の整備

4 居住環境の整備

教科書 p.94〜p.95

1 居住環境の整備の目的

◎住まいは，人の生活の（①　　　　）で，生きていくために重要な場所。プライベートな空間が確保され，自分なりのスタイルが維持できる場所，家族と生活を共にする場所でもある。

・住宅や施設などの住まいのなかに加え，住まいの外や近隣などの周辺環境まで含んだものを（②　　　　）という。生活は住まいのなかだけでなく，学校や職場など近隣や（③　　　　）と広くかかわる。

・心身機能が低下し要介護状態になると，住居（トイレ，階段，浴室など）に不便が生じる。

・玄関に段差があると，外出しにくくなり，生活の活動空間がほぼ家のなかだけに狭まる。

→近隣や（④　　　　）とのかかわりが薄れたり，閉じこもり症候群に陥る危険もある。

→階段に（⑤　　　　）をつけるなどして，昇降しやすくする工夫が必要。

・住み慣れた家で最期まで活動的に暮らすために，（⑥　　　　　　　　）に合わせた居住環境の整備が必要である。

2 安全な環境

◎自宅内での転倒事故……60歳以上では年間に約1割，85歳以上では5人に1人の割合で発生。

・転倒した場所……（⑦　　　　）が36.4%と最も多く，居間・茶の間・リビング，玄関・ホール・ポーチ，階段，寝室と続く。

・転倒防止……環境整備が必要。介護保険制度の（⑧　　　　　　　）・福祉用具などを利用する。

◆介護保険制度における住宅改修の種類

❶手すりの取り付け ❷（⑨　　　　）の解消 ❸すべりの防止および移動の円滑化のための床または通路面の材料の変更 ❹（⑩　　　　　）などへの扉の取り替え ❺洋式便器などへの便器の取り替え　など	

3 快適な環境

◎移動が困難な高齢者の居室は，就寝以外にも排せつ，食事，娯楽を行う場となる。

→安心・安楽ではあるが，生活に刺激がなく，さらに身体機能が低下する恐れがある。

・（⑪　　　　　）を狭めないように，居住環境を整備することが必要。

練習問題

◆次の記述のうち，正しいものを1つ選びなさい。

A　居住環境は，住宅や施設など住まいのなかだけでなく，近隣などの周辺環境も含んでいる。

B　介護保険制度の住宅改修では，手すりの取り付けや段差の解消は支給の対象になるが，玄関ドアを引き戸にしたり，洋式便器に取り替えたりすることは支給の対象にならない。

C　60歳以上の高齢者の自宅内での転倒事故は，主に浴室や台所，トイレなどで起こっている。

D　高齢者の身長に合った手すりをつけることは廃用症候群につながる恐れがある。

第3編

5 移動の支援(1)

1 移動の意義・目的

◎（①　　　）……目的を持って意図的に場所を移すこと。

　例）食事のために食堂へ，整容のために洗面所へ，排せつのためにトイレへなど。

　・移動の距離が大きければ，活動空間が広がり，（②　　　　）が高い生活になる。

◎障害者や高齢者の移動の支援……（③　　　）（日常生活動作），（④　　　）（手段的日常生活動作）の自立につながる。

　・ADL（日常生活動作）……移乗・移動，食事，更衣，排せつなどの基本的な動作。

　・IADL（手段的日常生活動作）……ADLより（⑤　　　）な動作。買い物，洗濯，調理といった家事全般や，金銭管理，服薬管理など。

◎移動の方法……独立歩行，杖や歩行器による歩行，車いす移動，電車やバスなどの交通機関を利用した移動など。→段差などが（⑥　　　　）（障壁）にならないように階段昇降機，エレベーターなどが設置されていると，だれもが移動できるようになる。

2 起き上がりの介助

◎臥位からの移動……起き上がりのための介助が必要となる。

　・仰臥位→側臥位→（⑦　　　　）→立位の順に行う。

　・ボディメカニクスの（⑧　　　　）の原理を使う。

　　→右の図のように，起こす時に腰を支点にして，下肢（力点）を下ろすと，肩（作用点）が上がる。

肩（作用点）
下肢（力点）
腰（支点）

3 歩行介助の基本（杖歩行）

◎歩行……杖歩行，手すりを使った歩行，歩行器やシルバーカーを使った歩行など。

　・杖などの（⑨　　　　）を使う。→生活空間が広がる，転倒予防になる。

　・T字杖の使い方……（⑩　　　）（麻痺のない側）の手で杖を持ち，グリップの長い柄を手前にし，親指とその他の指で挟みこむ。杖を足先から約15cm外側，約15cm前方の位置についた時に，ひじの角度が約30度になるように，杖の長さを調節する。

　・片麻痺の利用者の杖歩行を介助する時……杖→患側→健側の順で歩行を介助する。

　❶利用者の（⑪　　　）側に立ち，わきに手を添える。

　❷杖を前に出し，（⑫　　　）側の足を前に出す。介護従事者も（⑬　　　）側の足を出す。

　❸（⑭　　　）側の足を前に出す。

✐練習問題

◆次の記述が正しければ○，誤っていれば×をつけなさい。

A　IADLは，家事全般や金銭管理など，日常生活に必要な動作のなかでも，ADLよりも複雑な動作のことである。

B　臥位から起き上がる時，利用者の手を持ち，からだをまっすぐ引き起こして端座位にする。

C　片麻痺がある人がT字杖を使う時，グリップの長い柄を後方に向けて患側の手で握る。

D　左片麻痺のある利用者の歩行を介助する時，介護従事者は利用者の左側の斜め後ろに立つ。

A		B		C		D	

6 移動の支援(2)

教科書 p.98 〜 p.99

1 移動支援の実際

◎移動の支援……事前に利用者の（①　　　　）を確認してから行う。

・麻痺がある場合……介護従事者は（②　　　）側を保護するように介助する。

・認知症がある場合……危険認知能力が低下していることがあるため，介護従事者は，福祉用具の使用方法や環境に配慮することが必要である。

・利用者の（③　　　　　）を発揮できるように，歩行器や車いすなどの福祉用具を選ぶ。

例）歩行器には，両手で持ち上げて進む固定型，片側ずつ前に出す交互型，ひじをついてからだを支えるひじ支持型，キャスター付きなど，いくつかあるので，利用者の状態に合わせて選ぶ。

2 車いすの支援

・車いすの点検……車いすの開閉，タイヤの（④　　　　），（⑤　　　　）のきき具合，フットサポートのぐらつき，座面のゆるみなどをチェックする。

・利用者に適した車いすを選ぶ……適切な座位姿勢が保持できないと，関節が動かなくなる（⑥　　　）や褥瘡の原因になる。

▶車いすの部位の名称

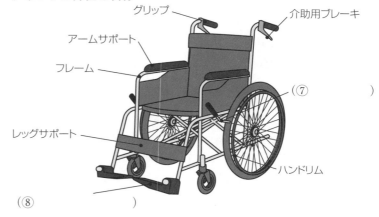

グリップ
介助用ブレーキ
アームサポート
フレーム
レッグサポート
（⑦　　　　　）
ハンドリム
（⑧　　　　　　）

3 車いすの移動支援

・広げ方とたたみ方……アームサポートを持って少し広げ，両手で（⑨　　　　）を押す。たたむ時は（⑩　　　　　　　　）を上げてから，座面を持って引き上げる。

・押し方……両手で（⑪　　　　　）をしっかり握ってゆっくり押す。

・上り坂……介護従事者はからだを（⑫　　　　）させ，しっかり押す。

・急な下り坂……介護従事者は（⑬　　　）向きになってゆっくり下りる。

・静止している時……両側の（⑭　　　　　）を必ずかける。

✐練習問題

◆移動の支援に関する次の記述のうち，誤っているものを1つ選びなさい。

A　片麻痺のある利用者の移動支援を行う場合には，介護従事者は患側を保護するようにして補助する。

B　歩行が困難な利用者の移動には車いすを用いる。

C　車いすで坂道を上る時は，介護従事者は前傾姿勢をとって，押し戻されることを防ぎながらしっかり押す。

D　車いすで急な坂道を下りる時は，車いすを進行方向に向け，介護従事者は車いすの後ろに立って，車いすがずり落ちないように引っ張りながら介助する。

7 食事の支援

教科書 p.100 ～ p.101

1 食事の意義・目的

◎食事の目的

- （①　　　　　）（身体的）な目的……生命の維持や身体活動のためのエネルギーを得ること。
- （②　　　　　）（精神的）な目的……四季折々の食事を楽しみ，ストレスを発散すること。
- （③　　　　　）な目的……食事を通して社会交流や対話を行うこと。

◎食事には，生理的機能，精神的機能，食文化的機能，社会的・教育的機能がある。

- 食事は（④　　　　　）（生活の質）にも深くかかわる。

2 食べる楽しみを実現する支援

◎高齢者にとって，食べることは楽しみや（⑤　　　　　　　）になる。

- 食べる楽しみのために，ふつうの食事（常食）がとれるように支援する。
- 要介護高齢者の場合は，状況によって，きざみ食やペースト食にすることもある。

3 安全な食事の支援方法

・安全な食事の支援……むせを少なくし，食べ物が誤って喉頭や気管に入る（⑥　　　　）を防ぐ。

◆むせを少なくする食事の支援

❶（⑦　　　　　）がしっかりしているかを確認する。

❷いすに（⑧　　　　　）座り，足底は床につける。あごを（⑨　　　　　）。

❸できるだけ自力で摂取できるようにする。

❹義歯を調整しておく。

❺（⑩　　　　　　）しやすい食事形態にする。

4 食事で活用する自助具

・（⑪　　　　　）……自力で食事をするために，食器の固定や，食事をすくって口に運ぶという一連の動作を補助する道具。

例）底部にすべりどめがある容器，変形するスプーン，ストローで飲みやすく取っ手が持ちやすいコップなど。

5 視覚障害者の食事支援

・視覚障害者は食器の位置関係がわからないので，（⑫　　　　　　　　　　）と呼ばれる時計の文字盤の位置を使って場所を知らせる。

✎練習問題

◆次の記述が正しければ○，誤っていれば×をつけなさい。

A　食事には，生命の維持や活動のエネルギーを得る目的以外にも，季節を感じたり，社会交流を楽しんだりという目的がある。

B　食事の際，視覚障害者には，クロックポジションを用いて，食器や食品の位置を知らせるとよい。

C　食事の際，むせを少なくするためには，利用者は前かがみにならないように，いすに浅く座る。

D　高齢者の食事はむせを防ぐため，必ずきざみ食やペースト食にする。

A		B		C		D	

第3編

8 排せつの支援

教科書 p.102 〜 p.103

1 排せつの意義・目的

◎排せつ機能が低下した人やトイレまでの移動が困難な人には，排せつの支援が必要になる。

・排せつの支援を受ける人には，排せつ行為を他人に見られる精神的苦痛や身体的負担がある。
→意識的に（① 　　　　　）を控える人もいる。
・おむつを使用する場合には，（② 　　　　　　　）が起こったり，（③ 　　　　　）を失ったりとい
う問題が起こり，さらに排せつ機能が低下するという悪循環に陥ることもある。
・介護従事者は，排尿や排便のメカニズムを知り，トイレやポータブルトイレで排せつできるよう
に，（④ 　　　　）に向けた支援をする。

2 快適で安心できる排せつ行為のための支援

◎トイレの環境や（⑤ 　　　）を工夫することで，一連の排せつ行為を自分で行える場合がある。
・着脱しやすい衣服，身体の状態に合った便座，移動・移乗しやすい手すりの設置など。
◎排尿の失敗への不安がある場合は，安心して外出できるように，（⑥ 　　　　　　　　）などを使う。

3 利用者の状態に応じた排せつ支援

◎ポータブルトイレの使用……介護従事者は，排せつ中はその場を離れるなど，利用者の
（⑦ 　　　　　　　　）への配慮が必要である。
・片麻痺がある場合は，ポータブルトイレを利用者の（⑧ 　　）側の足元に置く。

◆ポータブルトイレの支援

❶利用者に（⑨ 　　　　　　）をとってもらう。
❷利用者に（⑩ 　　　　　　）につかまってもらい，下着などを下ろす。
❸バスタオルを腹部にかける。
❹トイレットペーパーや（⑪ 　　　　　　　　）を準備し，介護従事者は部屋を出る。

4 排せつの後しまつ

◎排せつ支援後は，利用者に石けんを使って手洗いをしてもらう。→感染症予防にもなる。
・介護従事者は，（⑫ 　　　　　　　　　　　）（便のかたさや性状を 7 段階に分類した国際的指標）
などを参考に排せつ物の性状を観察し，記録する。
・排せつ物を処理した後は，室内の（⑬ 　　　　）を行う。

✎練習問題

◆次の記述が正しければ○，誤っていれば×をつけなさい。

A　トイレへの移動が少しでも困難な利用者には，排せつの失敗がないようにおむつを利用する。

B　利用者が自分で排せつを行うために，前傾姿勢支持テーブルの使用やトイレの手すりの設置な
どを考えるとよい。

C　利用者が排せつをしている最中は，プライバシーを尊重して，介護従事者はその場を離れるよ
うにする。

D　排せつ後は，プライバシーを尊重して，排せつ物を見ないですぐに処理する。

A		B		C		D	

1 身じたくの意義・目的

◎（①　　　　　　）……生活のさまざまな場面に合わせて，服装などの身なりを整えること。自分らしさを表現し，生活にメリハリを与える。

・身じたくには，着替え，洗顔・化粧・ひげそりなどの（②　　　　），口腔ケアなどがある。

▶身じたくの目的

（③　　　）的目的	外部環境や危険物から身を守る，体温調節，清潔保持
（④　　　）的目的	着る人の心の健康を表す
（⑤　　　）的目的	（⑥　　　　　）（時・場所・場合に応じた使いわけ）で社会性を表す

2 利用者の状態に応じた着替えの支援

◎片麻痺がある利用者の着替え……健側から脱ぎ，患側から着る（⑦　　　　　　）が原則。

→（⑧　　　）側に負担をかけず，衣類の着脱が楽にできる。

・着替えの際には，プライバシーを守るため，からだの露出部分を最小限にする。

・着脱の自立……大きいボタンや面ファスナーへの交換，ソックスエイドなどの福祉用具を利用するとよい。

◆着替えの支援（前あきの服）

❶利用者に（⑨　　　　）姿勢をとってもらう。
❷（⑩　　　）側から腕を通す。
❸肩まで着せて，そでを背中側から回し，健側の肩にかける。
❹（⑪　　　）側の腕を通す。介護従事者は利用者の（⑫　　　　）側に立つ。
❺利用者にボタンをかけてもらう。

3 口腔ケア

◎（⑬　　　　　　　）……歯磨きや入れ歯の掃除などによって，口腔内の環境を清潔に保つこと。

・口腔ケアの目的……虫歯や（⑭　　　　　）の予防・治療，食べる・かむ・飲みこむなどの口の動きを健全に保つこと，（⑮　　　　　　）を予防すること。

・口腔ケアの種類……歯磨きや入れ歯の掃除など，細菌の減少を目的とする器質的口腔ケア，ストレッチなどで口腔まわりの筋肉群に働きかける機能的口腔ケアがある。

✏練習問題

◆身じたくの支援に関する次の記述のうち，誤っているものを1つ選びなさい。

A　身じたくの心理的目的は，衣服で着る人の心の健康を表すことである。

B　片麻痺のある利用者の着替えを支援する時は，健側から衣服を着せて患側から脱ぐのが原則である。

C　衣服を選ぶ時は，気候やTPOに合わせるほか，利用者の希望にそったものを選ぶようにする。

D　口腔ケアには，虫歯や歯周病を防ぐほか，かむ・飲みこむなどの口の動きを健全に保つはたらきもある。

10 入浴の支援

教科書 p.106 ～ p.107

1 入浴の意義・目的

◎入浴の意義と目的……皮膚や粘膜を清潔にする。身体的・精神的に（①　　　　　　）する。

◎入浴は，コミュニケーションの場となるほか，温泉を楽しむなどひとつの文化になっている。

2 安全な入浴の支援方法

◎清潔の支援……入浴，手浴や足浴などの（②　　　　　），からだを拭く（③　　　　）がある。

・入浴の作用……温熱作用，静水圧作用，浮力作用

▶入浴による温熱作用

微温浴	37 ～ 39℃	・心身をリラックスさせる。
温浴	39 ～ 41℃	・心拍数や（④　　　）の変化は少ない。
高温浴	42℃以上	・血圧が上昇する。・（⑤　　　　　）が高まる。 ・（⑥　　　）への負担が大きい。

・静水圧作用……全身浴は，肩から下が静水圧を受けるため，半身浴に比べて心臓に戻る血液量が
増え，（⑦　　　）への負担が大きい。

◎入浴支援……入浴前に浴室の環境を整備する。

・浴室内は約24℃にして脱衣所との温度差を小さくする。→血圧の急激な変動を起こす
（⑧　　　　　　　　）を防ぐ。

・お湯の温度は39～41℃にする。

・介護従事者が入浴中に注意すること……洗い場での転倒，浴槽内での心臓への負担，脱水，血圧
の低下，溺水など。

3 利用者の状態に応じた入浴支援

◎浴槽への出入りには，（⑨　　　　　　　　　）を用いて浴槽のふちと同じ高さにすると，動作がし
やすくなる。介護従事者はひとつの動作ごとに声かけし，利用者のからだの安定をはかる。

◎片麻痺がある場合の浴槽の出入り

・入る時……（⑩　　　）側の手で手すりか浴槽のふちをつかみ，臀部をシャワーチェアから浴槽の
ふちに移動する。（⑪　　　）側の下肢→（⑫　　　）側の下肢の順に浴槽に入れる。

・出る時……手すりをつかみ，浴槽内で一度立ち上がる。浴槽のふちに座り，（⑬　　　）側の下肢
→（⑭　　　）側の下肢の順に浴槽の外に出し，シャワーチェアに座る。

✏練習問題

◆入浴の支援に関する次の記述のうち，正しいものを1つ選びなさい。

A　入浴は，身体を清潔に保つ効果があるが，精神的なリラックス効果はない。

B　浴槽のお湯の温度を42℃以上にすると，副交感神経が優位になり，心身のリラックス効果が高
くなる。

C　全身浴は半身浴と比べて，静水圧作用により，心臓への負担が大きくなる。

D　片麻痺がある人の入浴支援の際には，患側の下肢，健側の下肢の順に浴槽に入るように介助す
る。

11 睡眠・休養の支援

教科書 p.108 〜 p.109

1 睡眠・休養の意義・目的

◎睡眠と休養……（①　　　　　）は，比較的無意識および随意筋が活動しない生理的状態で，周期的に必要になるもの。（②　　　　　）は，活動を中止し，からだを休めること。

・睡眠・休養のはたらき……疲れをとる，（③　　　　　　　）を解消する　など。
→心身の疲労の回復に役立つ。

| 夜間に十分睡眠をとる | ⇒ | 日中は活動的に過ごせる | ⇒ | 夜間の良眠 |

睡眠 ┫ ・（④　　　　　　　）……からだを休める眠り。
　　　・（⑤　　　　　　　）……脳を休める眠り。

→ノンレム睡眠は眠りの深さによって，（⑥　　　）段階に分けられる。

◎睡眠や休養に必要な時間は（⑦　　　）によって異なる。
例）就学児は9〜11時間，成人は7〜9時間，高齢者は（⑧　　　）時間

・介護従事者は，夜間の良眠につなげるために，利用者の（⑨　　　）の過ごし方を考える。

2 快適な睡眠の支援

◎（⑩　　　　　　　）……厚生労働省が「健康づくりのための睡眠指針2014」で示した。

・利用者の快適な睡眠支援……睡眠を（⑪　　　　　　）からとらえ，環境を整え，支援することが必要。

3 利用者の状態に応じた睡眠の支援

◎不眠の利用者への支援……（⑫　　　　　　　）を整えること。

・（⑬　　　　　　　　　）……人間の持つ約24時間の生体リズムである概日リズム。

◆良質な睡眠をとるために支援できること

・起床時，カーテンを開け，（⑭　　　　　）を十分に浴びる。	・規則正しく食事をとる。
・十分に（⑮　　　　　）を摂取して日中の覚醒水準を上げる。	・適切な運動を行う。
・入浴や足浴，ホットミルクなどで入眠前にリラックスする。	

◎睡眠薬の内服により，生活リズムを崩すことがある。
→介護従事者は，利用者の日常生活の状況を観察し，医師に伝えられるようにしておく。

練習問題

◆次の記述が正しければ○，誤っていれば×をつけなさい。

A　日中に活動的に過ごすことが良質な睡眠につながり，良質な睡眠が日中の活動を支えるので，日中の過ごし方も重要である。

B　睡眠にはレム睡眠とノンレム睡眠があり，脳を休めるためにはレム睡眠が重要になる。

C　厚生労働省は，「健康づくりのための睡眠指針2014」で睡眠12か条を示している。

D　利用者が不眠を訴える場合は，医師に相談して早急に睡眠薬を処方してもらうようにする。

A		B		C		D	

第 5 章 介護福祉サービスの概要

年　　組　　番　名前

検印

1 介護サービスの利用方法

教科書 p.110 〜 p.111

1 介護保険制度の目的

◎ （①　　　　　　　）……介護が必要な高齢者などを社会全体で支える制度。

・（②　　　　　　　）……2000年に施行され，介護保険制度の目的やしくみを定めている。

・（③　　　　　　　）……介護保険の給付を受けるために必要な認定。要介護1〜5，要支援1〜2があり，認定結果によって，保険給付が異なる。

▶介護サービス利用の流れ

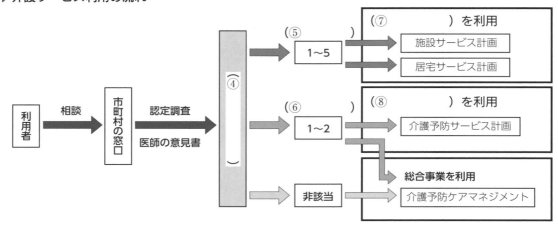

2 介護保険制度におけるケアマネジメント

・（⑨　　　　　　　）……利用者の多様な課題や要求に対応するサービスの調整。

→（⑩　　　　　　　）（ケアマネジャー）が担当する。

・（⑪　　　　　　　）（介護サービス計画）……介護を必要とする状態区分である（⑫　　　　　　　）により，利用者の心身の状況や生活環境，要介護者やその家族の相談に応じて作成する。

3 利用できるサービス

❶（⑬　　　　　）サービス	在宅で生活する要介護者に対する，訪問介護サービス，デイサービスなど。
❷（⑭　　　　　）サービス	夜間に対応する訪問介護や認知症高齢者グループホームなど。日常生活圏を離れず自立した生活を支援。
❸（⑮　　　　　）サービス	介護老人福祉施設（特別養護老人ホーム），介護老人保健施設，介護医療院など。

練習問題

◆次の記述のうち，正しいものを1つ選びなさい。

A　介護保険制度は，1963年に施行された老人福祉法で定められた。

B　要介護認定では，要介護1〜2，要支援1〜5，非該当に区分される。

C　ケアマネジメントは，利用者の相談を受けた市町村の窓口が担当する。

D　ケアプランは，介護支援専門員が要介護者や家族の相談に応じながら作成する。

第3編

48　第3編　介護を必要とする人の理解と支援

2 介護サービスの場の特性（在宅）

教科書 p.112〜p.113

1 居宅サービスの役割

・住み慣れた自宅で暮らしたい人は多いが，高齢や障害によって多くの生活課題が生じる。

> ・自宅の構造上の問題で，暮らしにくくなる。
> ・介護する家族の（①　　　　）が増える。

> （②　　　　　　　　　　　）は，自宅での自立した生活を支援する。

2 在宅介護をとりまく課題

◎在宅介護の課題

> 家族が遠方に住む。
> 介護が長期化する。

・（③　　　　　　）……介護者と要介護者の両方が高齢である状態。

→右のグラフから，老老介護は今後も（④　　　　　　）すると予測される。

・（⑤　　　　　　）……認知症高齢者，介護する家族共に認知症である場合。

→要介護状態になる最も多い原因が（⑥　　　　　　）である。

▶要介護者等と同居の主な介護者の年齢組み合わせ別の割合の年次推移

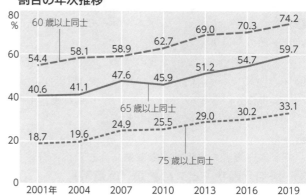

（注）2016年の数値は，熊本県を除いたものである。

厚生労働省「国民生活基礎調査（2019年）」による

3 居宅サービスの特徴

◎居宅サービスでは，利用者とその家族の暮らし方を尊重することが大切である。

・居宅サービスの種類……（⑦　　　　　　），通所介護，短期入所生活介護など。組み合わせて利用することも可能。

◎居宅サービスの課題

・利用サービスごとの契約で介護従事者が複数になり，信頼関係を築きにくい場合がある。

・複数のサービス事業所を利用すると，環境の変化による心身の負担が増加する場合もある。

→「通い」「訪問」「泊まり」を一体的に提供する（⑧　　　　　　　　　　）もある。

◎（⑨　　　　　　　　　　）……居宅サービスを管理するケアプラン。要介護者の（⑩　　　　）を尊重した暮らしを支えるように作成される。

練習問題

◆次の記述が正しければ〇，誤っていれば×をつけなさい。

A　居宅サービスは，利用者にサービスを提供することで，家族などの介護負担を軽減する役割も持つ。

B　介護者と要介護者のいずれもが高齢者である老老介護は増加してきている。

C　居宅サービスには，訪問介護，通所介護，短期入所生活介護などがあるが，介護保険ではいずれか1つしか選択できない。

D　居宅サービス計画書は，要介護者の心身の状況や要望よりも，介護従事者の考えを重視して作成する。

A		B		C		D	

3 居宅介護サービス

教科書 p.114～p.115

1 居宅介護サービスの必要性

◎居宅介護サービス……要介護者だけでなく，同居する（①　　　　　　　）も支える。

・居宅介護サービスには，訪問介護や訪問入浴介護などの（②　　　　　　）サービス，訪問看護などの（③　　　　　）サービス，住宅改修サービスがある。

・介護保険制度では，要介護度の認定区分によって，利用できる限度（区分支給限度基準額）が定められている。→サービスの選択には家族の意向を確認することが必要である。

2 居宅介護サービスの種類（福祉系）

❶（④　　　　　　）（ホームヘルプサービス）……訪問介護員（ホームヘルパー）が利用者宅を訪問し，サービスを提供する。

・入浴や排せつの支援などの（⑤　　　　　），洗濯や掃除などの（⑥　　　　　）を行う。

❷（⑦　　　　　）（デイサービス）……利用者はデイサービス施設に通う。

・食事や入浴などの（⑧　　　　　）に加え，心身の機能の維持・向上のために（⑨　　　　）訓練やレクリエーション活動などを行う。

❸（⑩　　　　　　　　）（ショートステイ）……特別養護老人ホームなどに短期入所する。

・家族介護者の出張や冠婚葬祭，介護負担の軽減を目的に利用する場合もある。

3 居宅介護サービスの種類（医療系）

◎介護保険のサービスの対象……65歳以上の第1号被保険者と，40～64歳の第2号被保険者のうち，介護保険法で定める16種類の（⑪　　　　　　　）のために要介護状態になった人。

▶医療系の居宅介護サービス

❶（⑫　　　　　　）	医師の指示を受けた看護師などが訪問。	病状の確認，診療の補助，療養上の世話など
❷（⑬　　　　）リハビリテーション	理学療法士，作業療法士，言語聴覚士などが訪問。	心身機能の維持・回復，日常生活の自立に向けたリハビリテーション
❸（⑭　　　　）リハビリテーション	利用者は介護老人保健施設，病院などに日帰りで通う。	生活機能向上のための訓練，口腔機能向上サービスなど
❹（⑮　　　　）管理指導	医師，歯科医師，薬剤師，歯科衛生士，管理栄養士が訪問。	療養上の管理，指導

✎練習問題

◆居宅介護サービスに関する次の記述のうち，誤っているものを1つ選びなさい。

A　訪問介護では，利用者の希望があれば，ペットの世話なども行う。

B　通所介護は，生活支援，機能訓練，レクリエーション活動などを行う。

C　介護保険制度のサービスは，40～64歳までの第2号被保険者でも特定疾病で要介護状態になった場合は利用できる。

D　居宅療養管理指導の事業を行うことができるのは，病院，診療所，薬局などである。

4 地域密着型サービス

教科書 p.116〜p.117

1 地域密着型サービスの役割

◎（①　　　　　　　　）サービス……要介護状態になっても，住み慣れた地域で生活できるように創設された。家庭的な環境，地域住民との交流を重視している。

・地域の生活圏域ごとに整備→市町村の区域内に住所がある人が対象。

2 地域密着型サービスの種類

❶（②　　　　　　　　　　　）居宅介護……通所介護，訪問介護，短期間の泊まりなどのサービスを利用できる小規模施設。→入浴や排せつ，食事などの介護，機能訓練を行う。

❷（③　　　　　　　　　　　　）……認知症のある利用者対象。（④　　　　　　　）と呼ばれる場所で，少人数での共同生活を通して，食事や排せつの支援や家事活動の支援を行う。

❸（⑤　　　　　　　　　　　）訪問介護看護……要介護者対象。24時間365日，定期的な巡回をしながら，必要に応じて随時サービスを行う。

❹（⑥　　　　　　　　）訪問介護……要介護者対象。夜間の時間帯に限定した訪問介護サービス。

（⑦　　　　　　）と随時対応がある。

→随時対応は，利用者からの通報に（⑧　　　　　　　　　）などを活用する。

3 その他のサービス（総合事業）

◎（⑨　　　　　　　）（介護予防・日常生活支援総合事業）……介護保険法で定められ，地域住民全体で，生活支援，介護予防サービスを行う。地域で支えあい，要支援者に効果的，効率的な支援を行う取り組み。

・地域の包括的な支援・サービス提供体制（（⑩　　　　　　　　　　　　　　））の構築をめざす。

・高齢者自身が生活支援の担い手になることも目的とされる。

　→高齢者の（⑪　　　　　　）や介護予防にも役立つ。

・課題……サービスの充実に向けた地域ボランティアの育成。

・介護予防活動の例→近所の茶話会，体操教室，ボランティア研修など。

・生活支援の例→配食サービスの際の声かけ，有償ボランティアによる家事支援など。

練習問題

◆次の記述が正しければ○，誤っていれば×をつけなさい。

A　地域密着型サービスは，同じ都道府県内に住所がある人であれば自由に受けられる。

B　利用者の希望に応じて，通所介護，訪問介護，短期間の宿泊などを利用できる小規模施設を小規模多機能型居宅介護という。

C　定期巡回・随時対応型訪問介護看護は，24時間365日，定期的な巡回などにより，利用者の心身の状態に応じたサービスを提供する。

D　総合事業は，地域のボランティアなどが中心になって進められ，高齢者はサービスを受けるだけである。

A		B		C		D	

5 介護サービスの場の特性（施設）

教科書 p.118〜p.119

1 施設サービスの役割

◎（①　　　　）サービス……重度の障害や家族の事情などで在宅での生活が困難な場合，
（②　　　　）に入所して，24時間365日体制で支援を受けられる。

・介護保険施設としての施設サービス……介護老人福祉施設，介護老人保健施設，介護療養型医療施設，（③　　　　　　　）がある。

・下のグラフのように，入所者の9割以上が（④　　　　　）をわずらっている。

▶認知症の状況別在所者数の構成割合

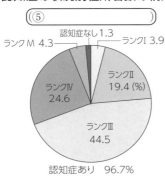

（⑤　　　　　　　　　　　　）

ランクM 4.3
認知症なし 1.3
ランクI 3.9
ランクIV 24.6
ランクII 19.4 (%)
ランクIII 44.5

認知症あり 96.7%

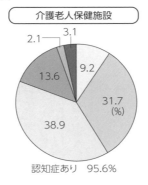

介護老人保健施設

2.1
3.1
9.2
13.6
38.9
31.7 (%)

認知症あり 95.6%

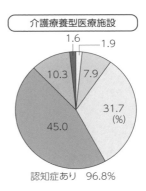

介護療養型医療施設

1.6
1.9
10.3
7.9
45.0
31.7 (%)

認知症あり 96.8%

（注）1―認知症の状況不詳を含む。
　　2―認知症のランクは，「認知症高齢者の日常生活自立度判定基準」による。

厚生労働省「介護サービス施設・事業所調査（2016年）」による

・入院治療後の自宅での生活に不安のある人は，医療的ケアや（⑥　　　　　　　　　　　　），療養上の管理・看護などを受けられる。

2 施設サービスの特徴

課題	対応
環境面での家庭らしさが損なわれやすい	・利用者の（⑦　　　　　）や価値観を重視し，家庭的な雰囲気を生み出す介護を心がける。
大人数のため，画一化された日課で生活リズムが規制されやすい	・4人部屋の従来型の施設ではなく，（⑧　　　　　　）という完全個室の施設で介護サービスを提供。 ・利用者の状況や暮らし方に応じて（⑨　　　　）に介護を提供。
家族や地域との交流がなくなりやすい	・（⑩　　　　　　　　）の実施や家族への支援。 ・地域住民を対象にした地域交流のスペースの提供。

練習問題

◆施設サービスに関する次の記述のうち，正しいものを1つ選びなさい。

A　入所施設は，食事・排せつ・入浴の支援を行うが，リハビリテーションなどは行わない。

B　施設では介護や看護などのサービスを24時間365日体制で受けられる。

C　最近は，完全個室型の施設ではなく，大人数の従来型の施設が増えている。

D　施設に入所する利用者は地域と切り離したほうがよい。

6 施設サービス

教科書 p.120 〜 p.121

1 施設サービス

◎施設サービスは，施設サービス計画をもとに，介護保険施設などで介護サービスを受けるもの。
→施設サービスには，老人福祉法と（①　　　　　　　　）の２つの法律が適用される。

2 老人福祉施設

▶老人福祉法にもとづく老人福祉施設

施設の名称	対象	入所方法
❶（②　　　　　　　　）老人ホーム	在宅での生活が困難な高齢者（要介護度（③　　　）以上）	介護保険制度による契約と老人福祉法にもとづく（④　　　　　）がある。
❷（⑤　　　　　）老人ホーム	65歳以上で，環境や経済的な理由で自宅での生活が困難な高齢者	老人福祉法にもとづく措置。
❸（⑥　　　　）老人ホーム（ケアハウス）	60歳以上で，身体機能の低下や環境，経済的な理由で，自立した生活が困難な高齢者	

3 介護保険施設

▶介護保険法にもとづく介護保険施設

施設の名称	対象	サービス内容
❶（⑦　　　　　　　　　　　）	要介護高齢者	入浴，排せつ，食事などの介護，機能訓練，健康管理など。
❷（⑧　　　　　　　　　　　）	在宅生活への復帰をめざす要介護者	リハビリテーションによる機能訓練，自立をめざした日常生活支援。
❸（⑨　　　　　　　）介護療養型医療施設（2023年度末廃止）に代わって，2018年に創設。	長期的な医療と介護が必要な高齢者	療養上の管理や看護，医学的管理にもとづく介護。

4 その他の施設

◎有料老人ホーム，サービス付き高齢者向け住宅……要介護認定を受けていない人も利用できる。
・見守りサービスの他，食事の提供や日常生活の支援が行われる。
・介護サービスが必要になった場合，（⑩　　　　　　　）サービス（特定施設入居者生活介護など）を利用できる。

✏️練習問題

◆次の記述が正しければ〇，誤っていれば×をつけなさい。

A　特別養護老人ホームは介護保険法にもとづく施設である。

B　ケアハウスは65歳以上で，経済的に自立した生活が困難な高齢者を対象としている。

C　介護老人福祉施設は，介護保険法にもとづく施設で，老人福祉法で認可された特別養護老人ホームが運営する。

D　介護医療院は，介護療養型医療施設に代わるものとして，2018年に創設された。

A		B		C		D	

第3編

1 障害者総合支援法のサービスの概要

◎障害者総合支援法の対象…（①　　　　　　　　　），知的障害者，精神障害者（発達障害者を含む），難病のある人など。

◎障害者総合支援法のサービス……（②　　　　　　　　　）と地域生活支援事業に分けられる。

　・自立支援給付……介護給付，訓練等給付，相談支援，自立支援医療，補装具。

▶介護給付と訓練等給付のサービスの内容

介護給付	・（③　　　　　　　　）（ホームヘルプ）　　・重度訪問介護　　・同行援護 ・行動援護　　・重度障害者等包括支援 ・（④　　　　　　　　）（ショートステイ）　　・療養介護 ・生活介護　　・施設入所支援
訓練等給付	・自立訓練　　・就労移行支援　　・就労継続支援　　・就労定着支援 ・自立生活援助　　・（⑤　　　　　　　　）（グループホーム）

　・地域生活支援事業……（⑥　　　　　　　）は主に移動支援などの具体的なサービスを行い，
　（⑦　　　　　　　）は主に専門性の高い相談支援を行う。

2 支給決定プロセス

❶申請……市町村に申請して，（⑧　　　　　　　　　）の認定を受ける。

　・障害支援区分は 1 ～ 6 に分かれ，区分（⑨　　　　　）が最も支援の度合いが高い。

❷（⑩　　　　　　　　　　　　　）の提出……指定特定相談支援事業者でサービス等利用計画案を作成し，市町村に提出する。

　・身近な地域に指定特定相談支援事業者がない場合は，それ以外の者が作成してもよい。

❸支給決定……（⑪　　　　　　　）が計画案などを踏まえ，支給決定を行う。

❹サービス担当者会議……指定特定相談支援事業者はサービス担当者会議を開催する。

❺サービス等利用計画の作成……実際に利用する（⑫　　　　　　　　　　　　　）を作成する。

　→2015年度からサービス等利用計画を必ず作成することになった。

❻サービスの利用開始……サービス開始後，一定期間ごとにモニタリングを行う。

🖊練習問題

◆障害者支援サービスに関する次の記述のうち，誤っているものを 1 つ選びなさい。

　A　自立支援給付と地域生活支援事業は，障害者総合支援法によるサービスである。

　B　障害者総合支援法のサービスを受けるには，市町村に申請して障害支援区分の認定を受ける必要がある。

　C　サービス等利用計画案を提出して支給決定を受けたら，改めてサービス等利用計画を作成する必要はない。

　D　サービスの利用開始後は，一定期間ごとにサービス等利用計画の見直しを行う。

8 障害者支援サービスの実際

1 障害者の雇用

◎ （①　　　　　　　）……（②　　　　　　　　　　　）で雇用が義務づけられた障害者の割合。

→障害者雇用によって，共生社会の実現，労働力の確保，生産性の向上などが期待される。

▶法定雇用率と実雇用率

事業主区分	法定雇用率	実雇用率（2020 年 6 月）
民間企業	2.3%（2.3%）	2.15%
国，地方公共団体など	2.6%（2.6%）	国　2.83%，都道府県　2.73%，市町村　2.41%
都道府県などの教育委員会	2.5%（2.5%）	2.05%

※（　）内は 2021 年 3 月からの法定雇用率。

2 障害者雇用の対象

◎障害者雇用の対象……（③　　　　　　　　）1 〜 6 級の該当者，（④　　　　　）と判断され

た人，（⑤　　　　　　　　　　　）の交付を受けた人。

・精神障害者は2006年 4 月から雇用率制度の適用となり，2018年 4 月から障害者雇用義務の対象と

なった。

3 障害者雇用納付金制度

◎（⑥　　　　　　　　　）……法定雇用率を満たしていない事業主から給付金を徴収し，障害

者を多く雇用している事業主に助成金を支給する制度。

・障害者を雇用することは事業主の責任→事業主間の障害者雇用に伴う経済的負担を調整するため

の制度である。

4 職場適応援助者（ジョブコーチ）

・職場適応援助者……（⑦　　　　　　　　　）ともいう。障害者に職場の従業員とのかかわり方などを，

事業主には障害特性を踏まえた仕事とのかかわり方を，それぞれアドバイスする。

▶ジョブコーチの 3 類型

（⑧　　　）型	地域障害者職業センターに所属し，事業所に出向いて支援する。
（⑨　　　）型	就労支援を行う社会福祉法人などに所属し，事業所に出向いて支援する。
（⑩　　　）型	自社の従業員がジョブコーチ養成研修を受けて，自社で支援する。

✏練習問題

◆次の記述が正しければ〇，誤っていれば×をつけなさい。

A　法定雇用率は，障害者雇用促進法で設定されている。

B　障害者雇用数の対象は，身体障害者手帳 1 〜 6 級該当者と知的障害者と判断された人に限られ

る。

C　障害者雇用納付金制度は，障害者を多く雇用している事業主に税金から助成金が支給される。

D　ジョブコーチとは，障害者の職場適応に関する支援を行う者のことをさす。

A		B		C		D	

検印

1 介護過程の意義

教科書 p.126 ～ p.127

1 介護過程とは

・（①　　　　　　　）……介護が必要な利用者が望む生活や人生を実現するため，情報の収集・分析を行い，支援課題を整理し，（②　　　　）（エビデンス）にもとづく介護を展開する支援過程。

| 経験や勘，偶然だけに頼るのではなく，根拠にもとづいて客観的に（③　　　　　　　）を行い，介護を実践する。 | | 利用者の人格，生活全体を尊重し，意図的，（④　　　　）的に介護を実践することをめざす。 |

2 介護過程の必要性

・介護の専門性……要介護状態の利用者の生活をよりよくするための生活支援を行うこと。食事や入浴，排せつなどを支援する（⑤　　　　　　　　）はその手段である。

・介護過程の特徴……利用者の「したいこと」，「（⑥　　　　　　）こと」，「支援が必要なこと」をていねいに把握し，支援内容を決めていく。

→介護従事者は利用者の生活を観察し，得られた情報を（⑦　　　　）にもとづいて分析して理解する。

・多職種連携においては，介護の専門性を発揮し，利用者の力を活用した介護を展開する。

3 介護過程のプロセス

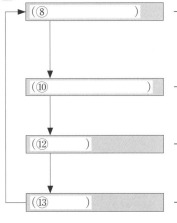

（⑧　　　　　　　　）　→　利用者の心身の状況，生活の状況，希望など，必要な情報を収集し，専門性にもとづき情報を分析する。利用者の望む生活の実現を困難にする（⑨　　　　　　）を明確にする。

（⑩　　　　　　　）　→　生活課題を解決するために，介護計画を立てる。（⑪　　　　）を設定し，介護の方法や手順を決める。

（⑫　　　　）　→　自立支援，安全と安心，尊厳の保持の観点から，目標にそった介護を実施する。

（⑬　　　）　→　目標を達成できたかを評価し，計画の修正の必要性を検討する。目標が達成されていない場合，利用者のよりよい生活に近づけるために（⑭　　　　　　　　）を行う。

練習問題

◆介護過程に関する次の記述のうち，正しいものを1つ選びなさい。

A　介護過程は，介護従事者の経験や勘によって情報を分析し，介護を実践することである。

B　多職種と協力しながら介護をする際，介護従事者は他の職種を優先することが求められる。

C　実際の介護の実施にあたっては，介護従事者の判断で介護計画を無視して進めてもよい。

D　介護過程では，評価後，再アセスメントを行い，介護過程のプロセスを繰り返す。

2 アセスメント

教科書 p.128 〜 p.129

1 アセスメントとは

◎アセスメント……介護過程の最初のプロセスであり，（①　　　　　）などを意味する。
→情報を（②　　　）しながら（③　　　　）・統合などを行うことで，介護の方向性を総合的に判断する。要介護状態にある利用者の介護上の（④　　　　）を明確にする過程である。
・介護従事者の役割……介護の必要な高齢者や障害者の生活全体をさまざまな視点から把握し，どのような支援を提供するかを判断し，その理由を明確にすること。

2 情報の収集と分析

◎利用者の情報を収集……利用者のそれまでの生活状況を把握する。
◎アセスメントの項目……ICF（国際生活機能分類）の構成要素にそった項目が用いられる。

ICF の構成要素	アセスメント項目の具体例
（⑤　　　　　）	認知症，脳性麻痺，自閉症などの症状名
心身機能・身体構造	精神機能，運動機能，視覚・聴覚の状況など
活動および参加	衣食住における日常生活および社会生活の活動状況など 行事，ボランティア・サークル活動，地域社会活動の参加状況など
（⑥　　　）因子	物的環境，人的環境，自然および制度環境
（⑦　　　）因子	性別，年齢，国籍，ライフスタイル，慣習，生育歴など

◎情報収集の方法
❶利用者とのかかわりから，（⑧　　　　　）を把握する。
❷直接質問したり，雑談などの（⑨　　　　　　　　）を通したりして行う。
❸体調や生活の変化につながる種々の（⑩　　　　）などの検査値・測定値など。
❹日々の（⑪　　　　　）や看護記録，管理栄養士の栄養指導記録など。
→利用者の全体像を正しくとらえるために偏見や先入観のない姿勢が必要。
◎収集した情報を整理して，専門的な視点から（⑫　　　　　　）を行う。

3 生活課題の明確化

◎利用者の情報を分析した結果から，（⑬　　　　　）を明確化する。
・生活課題……利用者の望む生活の実現または継続のために解決すべき生活上の課題。
・生活課題が複数ある場合は，（⑭　　　　　）を考える。

練習問題

◆アセスメントに関する次の記述が正しければ〇，誤っていれば×をつけなさい。
A　アセスメントとは，介護を実施する際の計画を立てることである。
B　情報収集の際は，ICFの構成要素にそったアセスメントの項目が用いられる。
C　生活課題は利用者の病気や身体的障害が中心で，環境については考えなくてもよい。
D　生活課題が複数ある場合には，生命や生活環境の安全性について，優先順位を高くする。

A		B		C		D	

3 介護計画の立案・実施・評価

1 介護計画の立案

◎介護計画……介護過程の第2段階となる。アセスメントによってわかった利用者一人ひとりの違い
を大切にして、それぞれの人の持つ力をいかして介護計画を作成する。

◎目標の設定……目標は、達成しにくいもの、抽象的、一般的なものを避け、（① 　　　　　）で、取
り組みの成果がわかりやすいものにする必要がある。

・（② 　　　　　）目標……将来的に達成したい目標。6か月〜1年程度。

・（③ 　　　　　）目標……長期目標に向かって段階的に立てる目標。数週間から数か月程度。

→（④ 　　　　　　　　　　）（短期目標）の達成を繰り返し、長期目標を達成する。

◎支援方法の決定……観察事項、介助の方法、留意事項、支援の頻度など。

▶介護過程の展開の例

| アセスメント | 情報 80歳女性　転倒し骨折。術後、介護老人保健施設に入所。臥床期間1か月。家に帰りたい。歩きたい。買い物が好き。 | ⟹ | 分析 下肢の筋力低下による転倒か。臥床期間が長くなり、筋力がさらに低下。ふさぎこんでいるが、意欲は見られる。 |

生活課題	（⑤　　　　　　）	短期目標	（期間）	支援方法
家に帰り、歩く意欲と自信を取り戻したい。	以前のように歩いて買い物に行けるようにする。	ベッドの上で座位30分間持続。	1週間後	（具体的に書く）
		ベッドサイドに立ち上がる。	1か月後	

2 実施

◎介護計画の（⑥ 　　　　）……介護過程の第3段階となる。自立支援、安全と安心、（⑦ 　　　　　）の
保持を考慮して行う。利用者の反応や状況の変化を客観的に把握し、記録する。

3 評価

◎（⑧ 　　　　）……介護過程の第4段階。介護過程の最終段階となる。

・実施した支援内容が目標達成のために効果を上げているかを確認し、介護過程が適切に展開され
ているかを検討する。

・評価の結果によっては、（⑨ 　　　　　　　　）→介護計画の（⑩ 　　　　）と立案→実施のプロ
セスを繰り返しながら、利用者の望む生活・人生に近づけていく。

練習問題

◆介護計画に関する次の記述のうち、正しいものを1つ選びなさい。

A　介護計画は、一人ひとり異なるものを作成しなくてよい。

B　介護計画を立案する際は、大きな目標を長期目標として設定し、短期目標は利用者の負担にな
るので設定しないようにする。

C　介護計画を実施する際は、自立支援、安心・安全はもとより、尊厳の保持にも留意する。

D　介護過程における評価とは、目標の達成状況について利用者本人が行う自己評価のことである。

第1章 介護における安全と事故対策

年　　　組　　　番　　名前

検印

1 介護におけるリスクマネジメント

教科書 p.136 〜 p.137

1 介護に関するリスク

・介護を提供するうえでは，さまざまな危険（（①　　　　　））がある。

❶利用者の（②　　　　　　　）をおびやかすリスク……利用者の身体的・精神的・経済的被害を生む。

例）転倒・転落，誤嚥や誤飲，食中毒や感染症の罹患，送迎時の事故，物品の紛失など。

❷施設・事業所の運営をおびやかすリスク……火災や自然災害などの大規模災害による事業継続に対するリスク。→利用者に直接的な被害がなくても，利用者の（③　　　　）に大きな影響を与える。例）地震，火災などで施設がダメージを受けて，事業継続が困難になるなど。

❸（④　　　　　　　）の安全をおびやかすリスク……介護従事者に腰痛や感染症，精神的ストレスによる健康被害が生じ，就業が困難になる。→利用者のサービス利用に影響が出る。

2 リスクマネジメント

◎（⑤　　　　　　　　　　）（危機管理）……リスクを最小限にコントロールすること。

・事故を未然に防ぎ，利用者の安全を守る取り組みを（⑥　　　　　　　　　　　　）という。

3 事故発生時の対応

◎事故発生時に被害を最小限に抑えるには，（⑦　　　　）が重要である。

例）利用者の転倒事故

介護従事者	・呼吸や脈拍などの（⑧　　　　　　　　　　　）（生命兆候）や外傷・痛みの確認，応急処置，医療従事者への連絡。 ・家族や介護支援専門員，監督する保険者に（⑨　　　　）の義務がある。 ・再発防止のため，（⑩　　　　　　）の作成。
施設・事業所	・事故発生時の対応や緊急連絡に関するマニュアル作成。

▶緊急通報システム

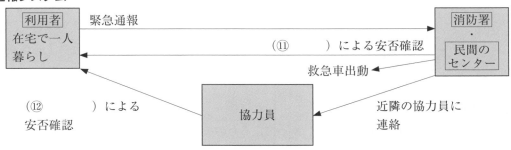

練習問題

◆次の記述が正しければ〇，誤っていれば×をつけなさい。

A　介護従事者に健康被害が生じても，利用者への影響はほぼ見られない。

B　リスクマネジメントとは，リスクを最小限にコントロールすることである。

C　重大な事故が発生した場合は，事業者は介護保険の保険者に報告する義務がある。

D　事故後，介護従事者に過失がない場合には事故報告書などは作成しなくてよい。

A		B		C		D	

1 **事故予防に向けた取り組み**

利用者の安全を守るためには，事故予防の取り組みを徹底することが必要。

◎具体的な取り組みのプロセス

❶（①　　　　　　　　）の抽出……重大な事故の背景には，軽微な事故や事故にいたらない事象が多く存在する。これらを収集し，リスク要因を抽出する。

・（②　　　　　　　　　　　　）……同一の人間が330の事故を起こした時，ひとつの重大な事故と29の（③　　　　　　　），300の傷害のない事故が発生し，これらの事故の背景には，数千を超える不安全行動や不安全状態があるとするもの。

❷対応策の検討

・利用者によって身体状況や精神状況，居室などの物理的環境は違う。

→画一的ではなく，（④　　　　　）の対策を検討する。

・介護従事者の不適切な対応が事故を招くことがある。

→ヒューマンエラーについても考慮しながら，マニュアルを整備し，アクシデント発生時のダメージの軽減をはかる。ヒヤリハット報告書や事故報告書を活用する。

・（⑤　　　　　　　　　　　）……人的なミス。不適切な対応で意図しない結果が起こること。

・（⑥　　　　　　　　）報告書……事故につながる恐れがあった「ヒヤッとしたこと」「ハッとしたこと」を記録した報告書。

❸実施および評価……対応策について検討した内容は利用者の（⑦　　　　　　　　　　）（指示書など）を作成して個別の支援に反映する。介護従事者は対応した結果を記録に残す。

→一定期間が経過した後，対応策の有効性や妥当性を検証し，必要に応じて（⑧　　　　）する。

2 **組織としての対応**

・介護従事者は責任を自覚し，適切な対応ができるように，（⑨　　　　　　　　　　　　　）の能力を高める。

・介護事故はさまざまな要因が重なって起こることが多い。

・福祉施設においては，リスクマネジメントを扱う組織として，（⑩　　　　　　　　　　　　　　　）などを立ち上げて対応を行う。委員会では，事故原因の究明と事故防止の対策の検討，事故対策に関する研修会などを実施する。

✎**練習問題**

◆事故予防に関する次の記述のうち，誤っているものを１つ選びなさい。

A　事故予防の取り組みは，リスク要因の抽出→対応策の検討→実施および評価のプロセスで行われる。

B　ハインリッヒの法則では，人は軽傷事故や傷害のない事故を起こした後に必ず重大な事故を起こすので，ミスを起こさないように注意を促している。

C　介護事故はひとつの要因ではなく，さまざまな要因が重なって起こる場合が多い。

D　福祉施設ではリスクマネジメント委員会などを立ち上げて，事故の原因究明や対策を検討するほか，介護従事者の知識や技術の向上にも取り組んでいる。

3 介護現場で多い事故

教科書 p.140 ～ p.141

1 介護現場で多い転倒・転落事故

・介護現場の事故……（①　　　　　　　　　）の発生割合が高い。誤嚥や誤飲，溺水などもある。

2 事故による影響

◎転倒・転落事故は，利用者に与える影響が大きく，（②　　　　　　　）を一変させることもある。

・（③　　　　　）やバランス能力の低下。　➡　転倒しやすい。　➡　移動にかかわる能力が低下。

・骨量の減少。　➡　（④　　　　　）しやすい。

・移動にかかわる能力の低下は，排せつや入浴などの生活行為に影響し，在宅生活が困難になることもある。

3 転倒事故の特徴

・転倒事故は，歩行や移乗などの（⑤　　　　　　　）を伴う場面で発生することが多い。

→介護従事者が見守りやつき添いをしている際にも事故が発生しているので，注意が必要。

4 転倒事故の原因と対策

❶不適切な環境が原因となる転倒事故

例）段差につまずく。コードに足が引っかかる。浴室のぬれた床に足をとられる。

→段差の解消，すべりにくい床材への変更等の住宅改修を行うなど，（⑥　　　　　　　）が重要。ひじ付きのいすや手すりなどの（⑦　　　　　　　）を活用する方法もある。

❷身体機能の低下による転倒事故

例）運動機能の低下（下肢筋力の低下など）が原因となる転倒事故。

→環境整備の他，筋力トレーニングや（⑧　　　　　　　　　　）を行い，運動機能の回復をはかる。

❸利用者の心理的な影響による転倒事故

例）「排せつを失敗してはいけない」というあせりから，注意力が低下して転倒する。

→・介護従事者は，利用者の心理を意識した（⑨　　　　　）を行う。

・安全に移動できる状況をつくる。

❹その他の転倒事故

・睡眠薬などの薬の副作用によるふらつきやめまい，注意力の低下による転倒事故。

→（⑩　　　　　　）に相談し，対策を検討する。

練習問題

◆次の記述が正しければ〇，誤っていれば×をつけなさい。

A　介護現場で発生割合が高い事故は，転倒・転落事故である。

B　高齢者の移動にかかわる能力の低下は，日常の生活行為に影響を及ぼし，在宅生活が困難になり，施設入所を余儀なくされる場合もある。

C　高齢になると，身体機能の低下は防げないものなので，機能の回復をはかろうとせず，環境整備を徹底する。

D　利用者のあせりや不安による転倒事故については，介護従事者には対応できないので，医師などの専門職に任せるようにする。

A		B		C		D	

第4編

4 身体拘束の禁止

教科書 p.142 ～ p.143

1 身体拘束が意味すること

・身体拘束は原則（①　　　　）されている。

・利用者の安全を守る目的であっても，利用者の自由を奪う，利用者の尊厳などの問題がある。

　❶身体的弊害……例）転倒防止のために車いすに体幹を縛る。→歩く機会を奪われ，下肢の
　（②　　　　）の低下や心肺機能の低下が進む。→拘束を解除しても以前のように歩けなくなるこ
　とがある。

　・1週間の安静臥床で10～15％，3～5週間で約50％の筋力低下が起こるといわれている。

　❷精神的弊害……意欲の低下，自尊心の低下。→（③　　　　）的な生活が送れなくなることがある。

　❸社会的弊害……介護施設への社会的な（④　　　　）や偏見を引き起こすことがある。身体拘束に
　より褥瘡になった場合，医療処置が必要になり，経済的にも影響をもたらす。

2 身体拘束を行う場合の手続き

・例外的に身体拘束が認められる場合

　❶（⑤　　　　）性……本人や他の利用者らの生命や身体に危険が及ぶ可能性が非常に高い場合。

　❷（⑥　　　　）性……身体拘束以外の方法が見つからない場合。

　❸（⑦　　　　）性……身体拘束を行うのが一時的である場合。

・身体拘束を行う場合は，利用者や家族に十分に説明を行い，（⑧　　　　）を得ることが必要。

・身体拘束時の経過観察の（⑨　　　　）を作成する義務がある。

・拘束は一時的な措置であり，（⑩　　　　）に向けた取り組みを同時に進めることが必要。

3 身体拘束をしない介護に向けて

○介護現場から身体拘束を排除するために

　・介護従事者が身体拘束の弊害を認識し，安易に実施してはいけないことを肝に銘じる。

　　→身体拘束が必要となる状況の（⑪　　　　）を究明し，解決策を探る。

　・利用者の安全と（⑫　　　　）を同時に守る介護を考える。

　　→身体拘束は尊厳の保持や自立支援という介護の本質に反することを認識する。

　　→身体拘束の解除のための取り組みは，介護の質を（⑬　　　　）させることにつながる。

✎練習問題

◆次の記述が正しければ○，誤っていれば×をつけなさい。

　A　身体拘束は，本人または他の利用者等の生命や身体を保護するため緊急やむを得ない場合を除
　き，原則禁止されている。

　B　利用者の転倒事故防止のために車いすに固定する状態が続いても，身体拘束を解除すれば，筋
　力は元通りの状態に回復する。

　C　身体拘束を行う場合は緊急であることが多いので，拘束を解除して落ち着いてから利用者や家
　族に説明する。

　D　身体拘束解除の取り組みは，利用者の安全と尊厳を同時に守ることで，介護の質の向上につな
　がる。

A		B		C		D	

62　第4編　介護における安全確保と危機管理

5 介護現場における防災対策

教科書 p.144 〜 p.145

1 防災対策

・災害には，火災やテロによる被害の他，地震や津波，台風，集中豪雨などの自然災害が含まれる。
・福祉施設は災害時のアクシデントに対応できるように（①　　　　　）を策定し，それをもとにさまざまな防災対策を行う。

◎福祉施設の防災対策

❶（②　　　　　　　）の整備

・物資の補給が困難になる。→食料や飲料水をはじめ，生活必需品や介護用品などを少なくとも（③　　）日分用意する。
・ライフラインの停止。→必ず懐中電灯や乾電池を準備する。非常用自家発電機なども確保することが望ましい。物品は消費期限や使用期限に注意して管理する。

❷（④　　　　　　　　）の確保

・介護従事者が被害にあうと，施設のマンパワーが確保できず，事業継続が困難になる。
　→近隣施設も同様の状況が予測されるため，他の地域から支援を受けられるように，日ごろから広域的な（⑤　　　　　　　　　　）を構築しておく。

❸（⑥　　　　　　　　　）の策定

・災害のために混乱した状況になる。→迅速かつ的確な対応ができるように防災マニュアルを策定しておく。

❹地域との連携

・災害時には地域住民や商店，警察や消防などの支援を受ける。
・福祉施設が地域住民を支えることもある。

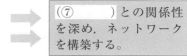

（⑦　　　　　）との関係性を深め，ネットワークを構築する。

❺（⑧　　　　　　）の実施

・災害時に適切な対応ができるように，防災訓練を実施する。消防などの関係機関，避難する可能性のある地域住民の参加が望ましい。

2 地域の防災拠点となる福祉施設

◎福祉施設は，（⑨　　　　　　　　　　）にもとづき，市町村長から避難所として指定を受けることがある。福祉施設は要配慮者を受け入れる（⑩　　　　　　）となることが多い。
・災害時には，（⑪　　　　　　　）として，新たな入所者を受け入れる場合もある。
・自力での避難が困難で支援を要する（⑫　　　　　　）要支援者の避難支援などを行う。

✏️**練習問題**

◆**介護現場の防災対策に関する次の記述のうち，正しいものを1つ選びなさい。**

　A　福祉施設は，災害時にも利用者の生活を守ることができるように，防災計画を策定する。
　B　福祉施設の職員は他の地域から支援を受けることができないので，災害時にはまず自分の身の安全の確保を優先する。
　C　福祉施設には多くの利用者がいるので，福祉避難所として避難者を受け入れることは困難である。
　D　福祉施設は利用者の安全が第一なので，災害時の避難行動要支援者の避難支援についてはかかわらなくてよい。

1 健康管理の重要性

教科書 p.146 ～ p.147

1 健康とは

・WHOの健康の定義……「健康とは，肉体（身体）的，精神的および（①　　　　）に完全に良好な状態であり，単に（②　　　　）または病弱の存在しないことではない」（WHO憲章）

→健康とは，身体的（身体機能やADL），（③　　　　）（楽しみや生きがい），社会的（人との交流や社会とのつながり）にも，すべてが満たされた状態であることをいう。

2 介護従事者の健康と介護の質

◎介護従事者の健康状態は，介護サービスの質の維持と向上に影響する。

・介護従事者の心身状態が健康→よりよい介護サービスの提供，利用者に（④　　　　）を与える。

・介護従事者の心身状態が不健康→介護の質が（⑤　　　　）し，事故につながる可能性がある。

3 健康管理の重要性

・介護は肉体的，精神的に負担が大きい仕事。→日ごろの心身の（⑥　　　　）が重要になる。

・40歳以上の介護従事者が多くなっている。（「介護労働実態調査（2019年度）」より）

→生活習慣病などに注意し，自身の健康管理が重要となる。

・介護従事者が健康を維持できないと，仕事の質が（⑦　　　　）し，一緒に仕事をする者とのコミュニケーションがうまくできなくなることがある。

・右の図のように，介護従事者には（⑧　　　　）が多い。

・疲労が蓄積したり，病気になったりする前に，（⑨　　　　）をすることが大切。腰痛についても，予防の意識を持つようにする。

▶**介護労働者の「痛みのある部位」について**

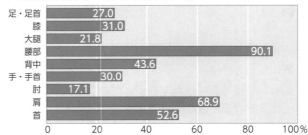

部位	割合
足・足首	27.0
膝	31.0
大腿	21.8
腰部	90.1
背中	43.6
手・手首	30.0
肘	17.1
肩	68.9
首	52.6

（注）首や肩などを含む腰痛などの痛みが「現在ある」と回答した者について，「現在痛みのある」部位について調査したもの。

介護職員の腰痛対策等健康問題に係わる福祉用具利用研究会「介護職員の腰痛等健康問題に係わる福祉用具利用調査（2008年3月）」による

介護従事者が（⑩　　　　）を高める。 自らの健康と介護の（⑪　　　　）を改善する。		利用者が安心して 生活することを支援できる。

✎練習問題

◆次の記述が正しければ○，誤っていれば×をつけなさい。

A　WHO憲章では，「健康とは，疾病または病弱の存在しないことである」と定義されている。

B　介護従事者が不健康な状態である時，介護の質は健康な時よりも低下しやすく，事故が起こる可能性も高くなる。

C　介護の現場では，手や足を痛める人が腰や肩を痛める人よりも多いので，日ごろから予防の意識を持つことが大切である。

D　介護従事者が自らの健康と介護の職場環境を改善して，安全で健康に働くことのできる職場にすることが求められている。

A		B		C		D	

1 対人サービスとストレス

・介護の仕事は，高齢者や障害者にサービスを提供する対人サービスである。

→やりがい，満足感，使命感を感じやすい反面，（①　　　　　　　）をもたらすことがある。

2 ストレス反応としてのうつ病

ストレスが蓄積された状態が長時間続くと，うつ病が起こる場合がある。

・（②　　　　　　）……脳のエネルギーが欠乏した状態。憂うつな気分になる，（③　　　　　　）の低下などの心理的症状と共に，（④　　　　）的な症状を伴う場合もある。

3 燃えつき症候群

◎（⑤　　　　　　　　　　　）（バーンアウトシンドローム）……意欲的な人が懸命に努力してきたにもかかわらず結果が報われないことで，過度に心身が疲労して感情が枯渇し，突然，（⑥　　　　　　　）になって，職場にも社会にも適応が難しくなる状態。

・バーンアウトの3つの要素

| 情緒的（⑦　　　　　　） | 脱人格化 | 個人的達成感の後退 |

4 ストレスマネジメント

・ストレス状態が続くと，心身に症状が出たり，生活に支障をきたしたりする。

・（⑧　　　　　　　　　　　）……ストレスから身を守るためにストレスを自分でコントロールすること。→ストレスが一定のレベルをこえないようにストレスを軽減する。

・ストレスマネジメントは，自分の身を守るだけでなく，仕事を効率的に進めるためにも必要。

5 メンタルヘルスケア

・（⑨　　　　　　　　　　　）……心の健康を守ること。

・（⑩　　　　　　　）……自分自身がストレスや心の状態に気づき，ストレスを予防・軽減・対処すること。

・（⑪　　　　　　　）……管理職が部下に行うメンタルヘルスケア。組織的に取り組む。

→介護の場では，介護リーダーが職員と共に職場環境や業務内容における問題を洗い出し，施設全体の共通課題として解決策を探っていくことが多い。

→日ごろから相談しやすい雰囲気をつくり，現任教育・研修の熟練した指導者である

（⑫　　　　　　　　　　　）を定め，相談に応じる。職場全体でメンタルヘルスケアを進める。

✎**練習問題**

◆**心理面の健康管理に関する次の記述のうち，誤っているものを1つ選びなさい。**

A　介護の仕事は，やりがいや満足感がある一方で，ストレスをもたらすこともある。

B　うつ病では，憂うつな気分や意欲の低下などの心理的症状だけでなく，身体的症状が現れる場合もある。

C　メンタルヘルスケアを実践するためには，自分自身でストレスを予防・軽減・対処するセルフケアが重要である。

D　メンタルヘルスケアは職員個人の力で行うべきであり，職場などで組織的に取り組むラインケアは必要ない。

1 健康診断の重要性

◎介護従事者は、「重量物取扱い作業、介護・看護作業など（①　　　　）に著しい負担のかかる作業に常時従事する労働者」とされ、身体的な負担が大きい。

→自身の（②　　　　）に気をつけ、健康状態を定期的にチェックすることが重要。

・健康診断……（③　　　　　　　　）では、（④　　　　）以内に1回、定期的に受けるように定められている。→介護従事者は、6か月以内に1回、腰痛の健康診断が推奨されている。

2 パワーポジションの知識・技術の習得と活用

◎日常の介助中の姿勢について、身体的負担を軽減する。→骨格・筋肉・内臓などを中心とした身体のメカニズム（身体力学）を活用する（⑤　　　　　　　　）の技術が必要である。

・腰痛の予防と治療……安静でなく、普段の（⑥　　　　）を維持したほうがよいとされている。

・腰の負担対策……挙上や移動、前かがみになる時、（⑦　　　　　　　　　　）を保つ。

・パワーポジション……足は肩幅より少し広めに開き、足先はひざと同じ方向に向け、背中は（⑧　　　　）にして上体を前に傾け、臀部を後ろに引くように股関節を曲げる。

・腰痛の要因……直接腰にかかる負担の他、心理・（⑨　　　　）問題などのストレスもある。

3 腰痛予防対策

・同じ姿勢を続ける介助、移動・移乗介助などが多い。→腰部の疲労から（⑩　　　　）などの筋骨格系障害が生じやすく、「（⑪　　　　　　　）」といわれる急性腰痛症になりやすい。

・（⑫　　　　　　）……腹筋、腰部を中心とした背筋、臀筋などの筋肉の柔軟性を確保し、疲労回復をはかる体操で、ストレッチングが主体であることが望ましい。作業開始前、作業中、終了後などの実施が効果的。

4 適切な福祉用具・介護機器の活用

◎近年、要介護者を人の力だけで持ち上げない、抱え上げない介護も提唱されている。

→「押さない・引かない・持ち上げない・ねじらない・運ばない」をキーワードに、「危険や苦痛を伴う、（⑬　　　　）のみの移乗」を禁止し、「ケアされる人の自立度を考慮した福祉用具の使用による移乗」を行う考え方が推奨されている。

・体重のある要介護者の移乗介助などはできるだけ（⑭　　　　）を求めて、無理なく行う。

・介護従事者のからだへの負担軽減をはかり、身体的健康面を守る。

→適切な福祉用具、介護機器、（⑮　　　　　　　　）の活用など。

✐**練習問題**

◆次の記述が正しければ〇、誤っていれば×をつけなさい。

A　介護従事者は、年に1回は健康診断を受け、自分の健康状態を客観的に把握しておく。

B　腰痛の予防や治療には、安静にして動かさないようにしたほうがよい。

C　生活援助において、介護従事者の身体的負担を軽減するために、ボディメカニクスの技術を活用する。

D　体重のある要介護者の移乗介助は、ひとりで行うほうが姿勢が安定し、腰への負担が少ない。

A		B		C		D	

4 労働安全衛生に関する知識

教科書 p.152 〜 p.153

1 安心・安全に働くための労働法

・労働問題に関する法律をまとめて（① 　　　　）という。

→労働基準法，労働安全衛生法，男女雇用機会均等法など。

2 労働基準法

◎（② 　　　　　　　）……1947年に制定され，労働時間，賃金，休日など，最低限の条件について定められた法律。

・対象……正社員，契約社員，派遣社員，アルバイト，（③ 　　　　　）などのすべての労働者。外国人労働者にも適用する。

3 労働安全衛生法

◎（④ 　　　　　　　　　　）……1972年に労働基準法から分離・独立する形で制定された法律。

・目的……職場における労働者の安全と（⑤ 　　　　）を確保し，快適な（⑥ 　　　　　　　）の形成を促進する。

→（⑦ 　　　　　　　　　）の基準，産業医の選任，総括安全衛生管理者や安全管理者の選任，責任体制の明確化，安全や衛生に関する委員会の設置などを規定。

・2015年の改正で，従業員50人以上の企業には，労働者の（⑧ 　　　　　　　　　），医師による面接指導の実施が義務づけられた。

4 介護労働者法

◆介護労働者法（1992年制定）の一部

> 介護労働者について，その雇用管理の改善，能力の開発及び向上等に関する措置を講ずることにより，介護関係業務に係る労働力の確保に資するとともに，介護労働者の福祉の増進を図ることを目的とする。

→介護関係業務に携わる労働者が人間らしい環境のもとで，十分にその能力を発揮できるように，（⑨ 　　　　　）の整備と（⑩ 　　　）の増進を目的に制定された。

◎具体的な施策……国による介護雇用管理改善計画の策定，公益財団法人介護労働安定センターの設置・運営が定められている。

・（⑪ 　　　　　　　　　　　）……介護労働者の福祉意識の向上，雇用管理の改善，職業能力の開発・向上，介護労働者の適正な需給調整のための援助などを行う。介護サービス事業者への支援，図書・情報誌の発行，シンポジウムの開催なども行っている。

練習問題

◆労働安全衛生に関する次の記述のうち，正しいものを1つ選びなさい。

A 労働基準法では，アルバイトやパートなどは対象とならない。

B 労働安全衛生法は1947年に制定され，随時改正が重ねられている。

C 労働安全衛生法では，すべての企業に，労働者のストレスチェックと医師による面接指導が義務づけられている。

D 介護労働者法は，介護労働者の労働環境の整備と福祉の増進をめざしている。

第 3 章

感染対策

1 感染症の理解

教科書 p.154 ～ p.155

1 感染とは

・（①　　　　　）……病原体が人や動物の体内に侵入して定着した状態。

・（②　　　　　）……病気の原因となる病原微生物。細菌，ウイルス，真菌，原虫など。

2 発病と潜伏期

・（③　　　　　）……体内で増殖した病原体により，病気が引き起こされた状態。

　→感染して発病するまでの期間を（④　　　　）という。病原体によって期間は異なる。

・感染しても発病しない場合を（⑤　　　　　）という。

・感染しても発病しない人を（⑥　　　　）（キャリア）という。

　→保菌者の抵抗力が低下した時に病原体が活性化して，感染を伝染させる可能性がある。

3 感染症に関する法律

・感染症への取り組み……1880年「伝染病予防規則」が定められた。その後，感染症対策が見直され，1999年には（⑦　　　　　）が施行された。

▶**感染症法**……予防や対策が重視され，感染力や危険性に応じて感染症が分類されている。

分類		感染症名など（一部抜粋）
感染症類型	1 類感染症	エボラ出血熱，痘そう，ペスト，ラッサ熱など
	2 類感染症	結核，ジフテリア，重症急性呼吸器症候群など
	3 類感染症	コレラ，細菌性赤痢，腸管出血性大腸菌感染症など
	4 類感染症	E 型肝炎，黄熱，オウム症，マラリアなど
	5 類感染症	アメーバ赤痢，ウイルス性肝炎，急性脳炎など
（⑧　　　）感染症	1 ～ 3 類に準じた対応の必要が生じた感染症	政令で 1 年間の限定で指定

4 介護施設における感染症対策の必要性

介護を必要とする人

・（⑨　　　　　）が低下して感染しやすい。

・感染すると症状が（⑩　　　）しやすい。

介護施設や事業所

・人が集団で生活する場所は感染が拡大しやすい。

介護従事者

・感染に関する知識を持ち，適切な感染対策に努め，感染症を（⑪　　　）し，感染症の（⑫　　　）を防ぐ。

✎ 練習問題

◆次の記述が正しければ〇，誤っていれば×をつけなさい。

A　病原体が体内に侵入して定着した状態でも，まったく症状が出ない場合は感染とはいわない。

B　保菌者は抵抗力が低下した場合でも，病気を伝染させることはない。

C　感染症法では，感染症類型は 1 類～ 5 類に分けられている。

D　介護を必要とする人は，抵抗力が低下している場合が多いので，感染しやすく，症状が悪化しやすい。

A		B		C		D	

2 感染症の予防策

1 感染症の予防策の基本

・感染症の予防……感染源，（①　　　　　　　），宿主の３つの連鎖をたち切ることが重要である。

❶感染源の除去

・（②　　　　　）……病原体を含む血液，排せつ物，吐物，病原体に汚染された器具や食品など。保菌者自身が感染源になることもある。

・感染源の除去……消毒薬，（③　　　　）による消毒，洗浄，薬物治療，感染者の隔離など。

❷感染経路の遮断

▶ **主な感染経路**

（④　　　　）感染	咳やくしゃみにより空気中に浮遊した微小粒子（5μm以下）を吸いこむことで感染する。
（⑤　　　　）感染	咳やくしゃみにより周囲に飛び散った飛沫粒子（5μm以上）を吸いこむことで感染する。飛沫粒子は落下し，空気中に浮遊しない。
（⑥　　　　）感染	皮膚に直接ふれたり（直接感染），汚染されたドアノブや器具などにふれたり（間接感染）して感染する。

・感染の拡大を防ぐためには感染源を「持ちこまない」「持ち出さない」「広げない」ことが基本。

❸宿主の抵抗力向上

・抵抗力（（⑦　　　　））を高めることが重要。介護従事者は，十分な栄養や睡眠をとって健康管理に努め，予防接種を受けるなど，感染対策を行う。

2 標準予防策（スタンダード・プリコーション）

・標準予防策（（⑧　　　　　　　　　　　　　　　　））……「感染症の有無にかかわらず，すべての患者の血液，体液（汗を除く），分泌物，排せつ物，粘膜，損傷した皮膚（粘膜）には感染の可能性があると考え，予防策を講じる」（アメリカ疾病管理予防センターのガイドラインによる）

❶（⑨　　　　　）……ドアノブ，手すりなどに付着した病原体が手指を介して体内に侵入することから，手洗いは感染予防の基本。→介護従事者は，食事や排せつなどのすべてのケアの前後に手洗いを徹底する。

❷手袋……感染の可能性がある物にふれる場合は使い捨ての（⑩　　　）を使用する。

❸咳エチケットとマスク……感染の有無にかかわらず，咳エチケットに努め，咳が多く出る場合は空気感染や飛沫感染防止のために，（⑪　　　　）を着用する。

・（⑫　　　　　）……咳をする時，人がいないほうへ向き，ハンカチなどで鼻と口を覆うこと。

📝**練習問題**

◆**感染症の予防策に関する次の記述のうち，正しいものを１つ選びなさい。**

A　感染症の予防には，感染源の除去を徹底すれば，感染経路の遮断はしなくてよい。

B　感染から身を守るには免疫を高めることが有効だが，その方法は予防接種に限られる。

C　スタンダード・プリコーションで，患者の血液や排せつ物以外は予防策を講じる必要はない。

D　空気感染や飛沫感染を防ぐため，マスクの着用は有効であるが，マスクだけで感染を防げるわけではない。

第4編

3 介護現場で出会うことの多い感染症(1)疥癬

教科書 p.158 〜 p.159

1 疥癬の原因と感染経路

◎（①　　　）……疥癬虫とも呼ばれる（②　　　　）が人の皮膚の角質層に寄生して起こる感染症。

・ヒゼンダニのサイクル……表皮の角質に産卵。
　→孵化後，皮膚の表面を動き回る。雌成虫は 4 〜 6 週間にわたり，1 日に 2 〜 4 個の卵を産み続ける。（右の図参照）

・（③　　　）や乾燥に弱い。皮膚を離れると 2 〜 3 時間で死滅する。

◎感染経路……人から人へ移る（④　　　）感染。

・（⑤　　　）疥癬……ダニの寄生数は1000匹以下で感染力が弱い。
　→感染者の皮膚にふれた時にダニが移動する（⑥　　　）感染が多い。寝具などを介した間接感染もある。

・（⑦　　　）疥癬……ダニの寄生数は100万匹〜200万匹で，感染力が強い。→ダニがはがれ落ちた角質に生息し，それにふれて（⑧　　　）感染することがある。

▶ヒゼンダニのサイクル

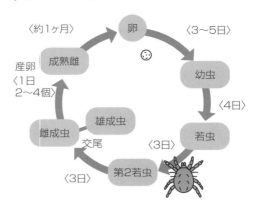

〈約1ヶ月〉　卵　〈3〜5日〉
成熟雌　　　幼虫
産卵〈1日 2〜4個〉　〈4日〉
雌成虫　雄成虫　若虫
　　　交尾　〈3日〉
〈3日〉　第2若虫

2 疥癬の症状と問題点

・通常疥癬……脇の下，手首などのやわらかい皮膚に発疹が見られ，（⑨　　　　）がある。

・角化型疥癬……皮膚症状が（⑩　　　）に見られ，搔痒感がない場合もある。

・介護施設では，感染した利用者の皮膚への接触，はがれた皮膚が周囲に飛散しやすい介助場面が多い。→感染が拡大する危険性が高い。介護従事者も自身の感染に注意する。

3 疥癬の感染対策

・感染した人は，毎日入浴してからだをていねいに洗い，衣服を交換して，皮膚の（⑪　　　）を保つ。

・通常疥癬に感染した人が使用したリネン類は，通常の洗濯の前に，（⑫　　　）℃以上の湯に10分以上漬け置きし，ダニを死滅させる。

・介護従事者は，異常を発見したら，医療職に報告する。感染した人の皮膚にふれる時間を（⑬　　　）し，接触後は（⑭　　　　）をする。

・角化型疥癬に感染した人への介助の際には，使い捨て手袋，マスク，ガウンなどを着用する。
　→通常疥癬より感染力が強いので，より注意が必要。

📝 練習問題

◆次の記述が正しければ○，誤っていれば×をつけなさい。

A　通常疥癬の感染経路には，感染者との接触による直接感染と寝具や衣類などを介した間接感染がある。

B　疥癬の原因となるヒゼンダニは，50℃以上，10分間以上の加熱で死滅する。

C　疥癬には通常疥癬と角化型疥癬があり，潜伏期間は角化型疥癬のほうが長い。

D　通常疥癬の感染者が使用したリネン類は，通常の洗濯方法でよいので毎日洗って交換する。

A		B		C		D	

4 介護現場で出会うことの多い感染症(2)インフルエンザ

1 インフルエンザの原因と感染経路

・インフルエンザは，（①　　　　　　　　　　　　　　）の感染によって起こる気道の感染症。
（②　　　）季（12月〜4月）に流行し，発症のピークは1〜2月。

・インフルエンザウイルスにはA型，B型，C型がある。（③　　　　　）インフルエンザはA型，B型であり，人と人の間で流行する。

・インフルエンザウイルスの表面にはかぎ状の突起があり，のどや気管支の粘膜につくと，約20分後に細胞内で増殖を始める。インフルエンザウイルスは（④　　　　　）細胞でしか増殖できず，湿度や気温が（⑤　　　　　）環境で活発化する。

・感染経路……咳やくしゃみから放出されたインフルエンザウイルスによる（⑥　　　　　）感染。

（⑦　　　　　）期間	発症	ウイルスを排出する期間	感染力が強い時期
約1〜3日間	約3〜7日間	発症前日から発症後，約5日間	発症後（⑧　　　）日間

2 インフルエンザの症状と問題点

・症状……発症後1〜3日間で急速に（⑨　　　）℃以上の発熱，咽頭痛，咳，頭痛，関節痛，倦怠感などの全身症状が出る。

・人が集まる場所や閉鎖的な空間で驚異的に流行する。

・抵抗力が低い高齢者が感染すると，肺炎や脳炎などの（⑩　　　　　　　）により，重症化したり死にいたったりすることがある。

3 インフルエンザの感染対策

・感染予防……流行前に（⑪　　　　　　）を受けておく。普段から休養や栄養バランスなど健康管理に努め，抵抗力を高める。手洗い，咳エチケットの徹底，室内の加湿なども行う。

・発症した場合……すみやかに医療機関を受診する。発症後5日間と解熱後2日間は，人との
（⑫　　　　　）を避ける。感染者と接触した可能性がある場合は，健康状態を観察し，感染の後続を早期発見して対処する。

・介護施設での感染対策……面会者の制限，レクリエーションや行事などの（⑬　　　　　　　　）を控える。ドアノブやスイッチカバーなどは塩素系消毒薬や消毒用アルコールで拭き取る。

・介護従事者がインフルエンザを発症した場合は，職場に連絡して自宅待機するなど，介護施設内での感染拡大を防ぐ姿勢が求められる。

練習問題

◆インフルエンザの感染に関する次の記述のうち，正しいものを1つ選びなさい。

　A　インフルエンザは飛沫感染して，潜伏期間は約3〜7日間である。

　B　インフルエンザの感染力は，発症後3日間が最も強くなる。

　C　インフルエンザは，日本では気温が高く高湿な夏の時季が発症のピークである。

　D　インフルエンザの感染予防として，予防接種を行い，十分な休養と栄養バランスなどの健康管理に努めること以外に，対策はほとんどない。

5 　介護現場で出会うことの多い感染症⑶ノロウイルス食中毒 　　教科書 p.162 〜 p.163

1 　ノロウイルス食中毒の原因と感染経路

◎ノロウイルス食中毒は，（①　　　　　　　　　　）によって感染性胃腸炎を引き起こす感染症。日本で
の感染のピークは11月〜3月。

・ノロウイルス……河口付近で生息する（②　　　　　　）がノロウイルスに汚染されやすく，生ガキ
などが原因食品とされる。感染した人が扱う食品を介して感染する場合もある。

・ノロウイルスの特徴……非常に感染力が強く，（③　　　　）温や乾燥に強い。（④　　　　　　）℃で
90秒間以上加熱すると，感染力を失う。

◎感染経路

・（⑤　　　　　　）感染……汚染または加熱が不十分な二枚貝を摂取したり，感染者によって汚染され
た食品を摂取したりして感染する。

・（⑥　　　　　　）感染（直接感染）……感染者の排せつ物や吐物に接触したり，付着したウイルスを
持つ人に接触したりして感染する。

・（⑦　　　　　　）感染……乾燥した排せつ物や吐物の粉塵を吸いこんで感染する。

2 　ノロウイルス食中毒の症状と問題点

◎症状……おう吐，下痢，腹痛などの（⑧　　　　　　　）の症状や微熱。1〜3日で治癒する。

◎問題点……ノロウイルスは感染後も（⑨　　　　　　　）ができないので，何度でも感染する。

・（⑩　　　　　　　）がなく，抗ウイルス剤の治療薬もない。

・感染力が非常に強いため，抵抗力が弱い子どもや高齢者は感染しやすい。施設などでは
（⑪　　　　　　　）が起こりやすい。

・頻繁なおう吐や下痢による（⑫　　　　　　　）や吐物による窒息などの危険がある。

3 　ノロウイルスの感染対策

・食中毒予防の3原則……菌を「つけない」「（⑬　　　　　　　　　）」「殺す」こと。

・カキなどの二枚貝を調理する場合は，調理前後の手洗い，調理器具の熱湯消毒を行い，食材の中心
部を85℃以上，90秒間以上加熱する。

・ノロウイルスに汚染されたものを取り扱う場合は，使い捨て手袋，マスク，使い捨てガウンを用い，
ノロウイルスに有効な（⑭　　　　　　　　　　　　　）または高温消毒で殺菌する。

・トイレの便座やドアノブなどは，利用者に下痢が見られたら消毒剤で清掃する。

・吐物や便の清掃……ノロウイルスは乾燥すると空気中に浮遊するので，乾燥前に掃除する。
ペーパータオル→消毒液→水拭き　の順で拭く。処理したペーパータオルやおむつは次亜塩素酸ナ
トリウム液を入れたビニール袋に入れて，密閉して処分する。

✎練習問題

◆次の記述が正しければ〇，誤っていれば×をつけなさい。

A　　ノロウイルスの潜伏期間は3〜5日間である。

B　　ノロウイルス食中毒でおう吐や下痢が続く時は，脱水予防のために十分な水分補給を行う。

C　　ノロウイルスに感染した場合は，抗ウイルス剤を用いて治療する。

D　　ノロウイルス感染者の吐物を掃除する際，使ったペーパータオルなどは次亜塩素酸ナトリウム
液を充満させたビニール袋に入れて密閉し，所定の場所に廃棄する。

A		B		C		D	

第4編

6 介護現場で出会うことの多い感染症(4)腸管出血性大腸菌感染症(O157)　教科書 p.164 〜 p.165

1 腸管出血性大腸菌感染症（O157）の原因と感染経路

◎（①　　　　　　　　　　　　　　）（O157）……初夏から初秋をピークに流行する食中毒。腸管出
血性大腸菌は（②　　　　　）でも生息することから，冬でも発症する。

◎腸管出血性大腸菌感染症の約 7 割は，（③　　　　　　　　　）の一種であるO157により起こる。
・O157……主に牛や羊などの大腸に生息している。人の体内に入ると，腸管内で強い感染力を持
つ（④　　　　　　　）をつくる。低温に強いが，高温に弱い。75℃以上，1 分間以上の加熱で死滅
する。

◎感染経路は，家畜から排せつされた大腸菌が生息する糞便や，それに汚染された水や食物を介した
（⑤　　　　　）感染。感染者の吐物や排せつ物にふれることでも感染する。潜伏期間は 3 〜 5 日間。

2 腸管出血性大腸菌感染症（O157）の症状と問題点

◎症状……激しい腹痛，頻繁な水様性の下痢，血便。感染しても軽度か無症状の場合もある。
（⑥　　　　　　　）によって症状が悪化しやすく，腎臓や脳などに重篤な障害をもたらす溶血性尿毒
症症候群，脳症といった（⑦　　　　　）を発症する場合もある。

◎問題点
・感染力が強く，細菌数が約100個と少数でも発症する。
・潜伏期間が比較的長く，感染源の特定が困難で，（⑧　　　　　　　　）を起こしやすい。
・高齢者や乳幼児では（⑨　　　　　）しやすく，死をもたらす危険性が高い。

3 腸管出血性大腸菌感染症（O157）の感染対策

◎O157が原因の食中毒は，（⑩　　　　　　　　　）にもとづいた対応を行う。

◎訪問介護で食材の購入や調理をする場合
・生鮮食料品は冷蔵庫10℃以下，冷凍庫（⑪　　　　）℃以下で保存して，消費期限内に使い切る。
加熱する場合は中心部（⑫　　　　）℃以上，1 分間以上加熱して，早めに食べる。清潔な調理器
具を使用して，使用後は洗剤と流水で洗い，（⑬　　　　）消毒して乾燥させる。

◎利用者の下痢を認めた場合は，トイレのドアノブ，便座，水洗レバーなどを消毒剤（逆性石けん，
消毒用アルコール，次亜塩素酸ナトリウム液）で拭く。

◎感染者の排せつ介助……使い捨て手袋，使い捨てガウンを用いて，ケアの前後には（⑭　　　　　）
を徹底する。感染者がトイレを使用した後は，ていねいな手洗い，消毒を行ったことを確認する。

✎**練習問題**

➴腸管出血性大腸菌感染症に関する次の記述のうち，誤っているものを 1 つ選びなさい。

A　O157による食中毒は，潜伏期間が 1 〜 2 日間である。

B　O157による食中毒は，経口感染によって起こることが多い。

C　O157による食中毒は，O157がつくり出したベロ毒素によって悪化しやすく，合併症を発症す
る場合もある。

D　O157に適した消毒方法は，75℃以上で 1 分間以上の加熱消毒以外に，次亜塩素酸ナトリウム
などの消毒薬による消毒がある。

1 結核

◎原因……（①　　　　　）の感染で起こり，約8割が肺に病巣をつくる。
　・1950年まで日本の死亡原因疾患第1位。現代では死亡率が激減したが，年間約1万8000人発症。
　・結核菌は，加熱や（②　　　　　）（紫外線）に比較的弱い。
◎感染経路……感染者の咳やくしゃみ（排菌）により空気中に浮遊した結核菌を吸いこんで感染する
　（③　　　　　）である。
　・結核菌に感染して発病しても排菌しない場合や保菌者でも発症しない場合がある。
◎症状……咳，痰，微熱，体重減少，食欲不振など。重症化すると，呼吸困難や血痰が見られる。
◎問題点……子どもから高齢者まで幅広い世代で発症する。（④　　　　　）を起こしやすい。免疫
　機能が低下するヒト免疫不全ウイルス感染症，糖尿病などでは，発症率が高くなる。
◎感染対策……乳幼児期にツベルクリン検査や（⑤　　　　）接種を行う。成人や高齢者には，定期
　的な健康診断を実施し，早期発見をめざす。
　・結核の感染が判明した場合，医師が（⑥　　　　）に報告。
　・感染により排菌した人は隔離入院して治療を受ける。

2 レジオネラ症

◎（⑦　　　　　　　）による呼吸器系の感染症。レジオネラ肺炎を起こす場合がある。
◎原因……加湿器や循環水を利用した風呂などで，繁殖したレジオネラ菌を含む水しぶきや霧を
　（⑧　　）や口から吸いこんで感染する。潜伏期間は2〜10日間。
◎症状……全身性倦怠感や食欲不振，咳，高熱，呼吸困難など。急激に重症化して死亡する場合もあ
　る。
◎感染対策……加湿器の給水タンクの水は毎日替え，使用後はタンクを乾燥させ，フィルターを定期
　的に清掃する。循環式浴槽は湯を適宜入れ替え，浴槽を清掃し，（⑨　　　　　　　）で消毒する。

3 白癬菌（水虫など）

◎白癬菌は皮膚に常在する（⑩　　　）（カビ）で，皮膚の角質層に病巣をつくる。高温多湿な環境
　で増殖しやすい。足の発症が多く，バスマットなどの共有で（⑪　　　　　）をしやすい。
◎症状……足の指間や足底の掻痒感，皮膚がむける，小水疱など。
◎感染対策……患部の（⑫　　　）と（⑬　　　）が基本。バスマットなどは感染者との共有を避け，
　通常の洗濯をして乾燥させる。入浴時，足の指間や裏は石けんでていねいに洗い，乾いたタオルで
　水分を十分に拭き取る。通気性のよい靴，靴下を使用し，靴下は毎日履き替える。

練習問題

◆次の記述が正しければ〇，誤っていれば×をつけなさい。

A　結核は1950年まではわが国の死亡原因疾患第1位だったが，現在は抗結核薬の開発により死亡
　率は激減した。
B　結核菌に感染しても発症しない保菌者は，免疫があるので一生発病することはない。
C　レジオネラ症の感染対策として，消毒に塩素系薬剤を使用しても効果がない。
D　白癬菌は掻痒感が出たり，皮膚がむけたりといった症状があり，接触感染しやすい。

A		B		C		D	

福祉用具と介護ロボット

年　　　組　　　番　　　名前

検印

1 福祉用具と介護ロボットの必要性

教科書 p.168 ～ p.169

1 福祉用具

◎（①　　　　　　　　）……介護を必要とする人が日常生活上の困難を軽減し，自立した生活をめざし，（②　　　　　）（生活の質）を高めることを目的として使用する用具の総称。

・福祉機器，日常生活用具，機能訓練用具，補装具など。

◎福祉用具の貸与→介護保険制度の居宅サービスのひとつ。対象種目は（③　　　　）品目。

・特定福祉用具……再利用に向かない用具，使用により品質が変化する用具は販売対象。

▶福祉用具貸与

要支援1・2，要介護1の人は対象外	（④　　　　　），車いす付属品，特殊寝台，特殊寝台付属品，床ずれ防止用具，体位変換器，認知症老人徘徊感知機器，移動用リフト
要支援1・2，要介護1・2・3の人は対象外	（⑤　　　　　　　　）装置
介護保険の対象者	（⑥　　　　　），スロープ，歩行器，歩行補助杖

2 介護ロボット

◎（⑦　　　　　　　　　）……利用者の自立支援や介護従事者の負担軽減に役立つ，ロボット技術を応用した介護機器。（⑧　　　　），（⑨　　　　），（⑩　　　　）の要素を持つ知能化した機械。

◎2013～2017年にロボット介護機器開発・導入促進事業，2018年からロボット介護機器開発・導入促進事業が実施されている。

・補助金，企業への支援，介護福祉現場での効果の測定などから，介護ロボットの実用化をめざす。ロボット技術の（⑪　　　　　　　）における重点分野を策定し，開発を進めた。

▶福祉用具・介護ロボット実用化支援事業

（⑫　　　　　　　）の設置	介護ロボットの活用や，開発等に関する相談を受ける。
モニター調査の実施	開発の早い段階から施設・事業所等でモニター調査を行う。
（⑬　　　　）の場の整備	実証に協力できる施設・事業所等をリストアップし，開発側につなぐ。
普及・啓発	国民誰もが介護ロボットについての必要な知識を得られるように普及・啓発を推進する。
その他	介護現場におけるニーズ調査，介護・開発現場での意見交換等。

練習問題

◆福祉用具と介護ロボットに関する次の記述のうち，正しいものを1つ選びなさい。

A　福祉用具は，特に要介護度が高い人に向けたQOLを高めるための用具である。

B　介護保険制度の福祉用具の貸与は，要介護の認定を受けている人ならだれでも利用できる。

C　要介護者の増加や介護従事者の人材不足などの社会課題に対して，介護ロボットが果たす役割は大きい。

D　ロボット技術の介護利用における重点分野として，10分野が示されている。

1 利用者の生活の広がりにつながる活用方法

◎介護現場では，（①　　　　）機能（人工知能）を活用した介護ロボット，（②　　　　）（情報通信技術）や（③　　　　）を活用した福祉用具の導入などが進められている。

・AI機能は，（④　　　　　　　）の作成に活用することで作成時間の短縮が可能。

・IoTを活用した見守りにより，（⑤　　　　　　　　　）の確保と安全な生活の両立が可能になる。

・音声入力アプリの活用により，介護記録の入力などの時間短縮も期待できる。

◎介護は介護ロボットや福祉用具だけで完結しない。

　→利用者の望む生活のために介護の質の向上をはかるのは（⑥　　　　　　）である。

◎介護従事者は，利用者と近くで接しながら利用者の表情や口調などから変化を読み取って，介護ロボットや福祉用具の有効な（⑦　　　　　　）を検討することが大切。

2 介護する側の負担の軽減につながる活用方法

◎福祉用具の活用は，介護従事者の心身両面の負担を（⑧　　　　）する方法が望ましい。

　例）・状態の低下が著しい人の体動や呼吸，脈拍をIoT機器で検知することで，介護従事者の精神的な負担が軽減される。

　　　・ベッドから車いすへの移動や移乗介助の際に（⑨　　　　　　　　　　　　）を使用することで，利用者を抱え上げずに移動でき，介護従事者の身体面の負担が軽減される。

◎「人の力だけで（⑩　　　　　　），（⑪　　　　　　　　　）介護」の実践

　・福祉用具の適切な活用によって，介護従事者の腰痛予防対策を行い，腰痛などによる離職を防ぐ。

3 安全な活用を行うための留意点

福祉用具や 介護ロボット	メリット →	利用者の生活の（⑫　　　）を高める。
	デメリット→	（⑬　　　　　　　）を誤ると重大な事故が起こる場合がある。

・介護従事者は，利用者や家族に対して，福祉用具や介護ロボットの取り扱いや調整に対して持っている不安を把握し，安全に活用できるように支援する。

・介護従事者自身は，活用方法の確認や情報の共有を行い，介護従事者の間でも統一した介護ができるようにする。

✎練習問題

◆次の記述が正しければ○，誤っていれば×をつけなさい。

A　AI機能を活用した介護ロボットや，ICT，IoTを活用した福祉用具は，介護の現場に導入が進められている。

B　介護ロボットや福祉用具さえ使用すれば，利用者の望む生活を支援することができる。

C　福祉用具の活用により，利用者だけでなく介護従事者の心身の負担を軽減することができる。

D　介護従事者は，介護ロボットや福祉用具について，介護従事者間で活用方法の確認や情報の共有を行う必要はない。

A		B		C		D	

[（福祉 702）介護福祉基礎］準拠
介護福祉基礎学習ノート

表紙デザイン
鈴木美里

本文基本デザイン
広研印刷

● 編　　者──実教出版編修部

● 発行者──小田　良次

● 印刷所──広研印刷株式会社

● 発行所──実教出版株式会社

〒 102-8377
東京都千代田区五番町 5
電話 〈営業〉(03) 3238-7777
　　 〈編修〉(03) 3238-7723
　　 〈総務〉(03) 3238-7700
https://www.jikkyo.co.jp/

002402022

ISBN 978-4-407-36088-2

介護福祉基礎学習ノート　解答編

第1編	介護の意義と役割

第1章	尊厳を支える介護

1 介護の意義，役割，尊厳を支える介護 (p.2)

①自然権　②普遍的人権　③平等　④生存権　⑤障害　⑥QOL　⑦成長　⑧尊重　⑨人間　⑩尊厳　⑪価値観　⑫生活習慣

✎練習問題　A…○　B…×　C…○　D…×

2 利用者主体の介護サービス (p.3)

①利用者　②利用者本位　③生き方　④社会的　⑤自己実現　⑥ニーズ　⑦自己決定　⑧本人自身　⑨主体的　⑩アドボカシー　⑪家族　⑫自己決定　⑬選択　⑭決定（⑬と⑭は順不同）

✎練習問題　D

3 介護を必要とする高齢者の人権と尊厳 (p.4)

①65　②21　③尊厳　④国や自治体　⑤人権　⑥身体的　⑦心理的　⑧経済的　⑨依存　⑩増加

✎練習問題　A…○　B…×　C…×　D…○

4 介護を必要とする障害者の人権と尊厳 (p.5)

①障害者の権利　②障害者差別　③差別　④選択　⑤医学　⑥社会　⑦ノーマライゼーション　⑧差別的　⑨職員　⑩養護者

✎練習問題　C

第2章	自立に向けた支援

1 自立を支援する専門職 (p.6)

①主体的　②自己決定　③意思　④社会サービス　⑤尊厳　⑥自立　⑦自立支援　⑧軽減　⑨サービス利用者　⑩社会的役割　⑪環境　⑫代弁

✎練習問題　A…○　B…×　C…○　D…×

2 個別性を尊重した自立のための支援 (p.7)

①尊重　②公共の福祉　③尊厳　④生活機能　⑤権利　⑥エンパワメント　⑦QOL　⑧WHO　⑨ICF　⑩環境因子　⑪ユニットケア　⑫家庭　⑬レクリエーション

✎練習問題　B

第2編	介護福祉の担い手

第1章	介護従事者をとりまく状況

1 介護の歴史と現状 (p.8)

①家制度　②民法　③核家族化　④高齢者人口　⑤老人福祉法　⑥社会福祉施設緊急整備5か年計画　⑦在宅サービス　⑧介護保険　⑨少子高齢化　⑩育児・介護休業法　⑪介護離職　⑫厚生労働省

✎練習問題　A…○　B…×　C…×　D…○

2 介護福祉士の養成 (p.9)

①介護福祉士　②社会福祉士　③資格要件　④義務規定　⑤喀痰吸引　⑥国家試験　⑦3　⑧53　⑨指定登録団体　⑩175万

✎練習問題　A…○　B…○　C…×　D…×

3 介護人材の確保と定着 (p.10)

①新人材確保指針　②社会福祉法　③労働環境　④資質　⑤ボランティア　⑥潜在的有資格者　⑦潜在介護福祉士　⑧富士山型　⑨EPA　⑩介護福祉士候補者　⑪外国人技能実習制度

✎練習問題　C

4 介護従事者のキャリアアップ (p.11)

①キャリアパス　②介護福祉士　③燃えつき　④マネジメント　⑤多職種協働　⑥実務者　⑦2　⑧認定介護福祉士　⑨職場内研修　⑩職場外研修

✎練習問題　C

5 介護従事者の社会的地位の向上 (p.12)

①労働条件　②社会貢献　③処遇改善　④低い　⑤介護保険制度　⑥エンパワメント　⑦介護負担　⑧国家試験　⑨養成施設　⑩厚生労働省

✎練習問題　A…×　B…○　C…○　D…×

第2章 介護従事者の役割と介護福祉士

1 介護の役割，介護福祉士の専門性 (p.13)

①介護保険法　②介護福祉士　③身体上　④社会福祉士及び介護福祉士法　⑤状況　⑥指導　⑦自立　⑧介護過程　⑨作業療法士　⑩ケアマネジャー　⑪チームリーダー　⑫地域包括ケア　⑬QOL　⑭リハビリテーション

✏練習問題　A・・・×　B・・・○　C・・・×　D・・・○

2 災害時における支援，平常時の防災活動 (p.14)

①自然災害　②福祉避難所　③ライフライン　④避難行動　⑤衛生保持　⑥排せつ介助　⑦障害者　⑧災害関連死　⑨高齢者　⑩避難　⑪介護支援専門員　⑫搬送支援　⑬役割分担

✏練習問題　A・・・×　B・・・○　C・・・×　D・・・○

3 在宅介護従事者の役割 (p.15)

①サービス付き高齢者向け住宅　②在宅介護　③訪問介護員　④信頼関係　⑤緊急時　⑥家族介護者　⑦地域密着型　⑧生活圏域　⑨定期巡回　⑩心身機能　⑪介護予防　⑫介護保険制度　⑬介護予防・日常生活支援総合事業

✏練習問題　B

4 施設介護従事者の役割 (p.16)

①入所機能　②見守り　③健康管理　④低い　⑤介護老人福祉施設　⑥ユニットケア　⑦個別　⑧排せつ　⑨機能訓練　⑩公益的　⑪地域貢献

✏練習問題　A・・・○　B・・・×　C・・・○　D・・・×

5 終末期における介護従事者の役割 (p.17)

①終末期　②回復　③環境　④支援内容　⑤死生観　⑥アドバンス・ケア・プランニング　⑦意思決定能力　⑧機能　⑨緩和　⑩寄り添う　⑪看取り　⑫安心感

✏練習問題　A・・・○　B・・・○　C・・・○　D・・・×

第3章 介護従事者の倫理

1 専門職の倫理 (p.18)

①理想　②職業倫理　③倫理綱領　④日本介護福祉士会倫理綱領　⑤専門的　⑥連携　⑦基本的　⑧自己決定権　⑨価値観　⑩守秘義務　⑪情報　⑫プライバ

2 専門職としての基本姿勢 (p.19)

①介護　②生きる意欲　③こころ　④医療的ケア　⑤環境要因　⑥生活支援技術　⑦科学的　⑧傾聴　⑨ラポール　⑩個別化　⑪受容　⑫秘密保持

✏練習問題　A・・・○　B・・・×　C・・・×　D・・・○

3 プライバシーの保護 (p.20)

①侵害　②情報　③保護　④個人情報　⑤権利利益　⑥心身　⑦個別支援計画　⑧共有　⑨信頼関係　⑩契約　⑪廃棄　⑫パスワード

✏練習問題　A・・・×　B・・・○　C・・・○　D・・・×

第4章 介護実践における連携

1 多職種連携とチームケア (p.21)

①生活行為　②リハビリテーション　③社会資源　④チームケア　⑤共有　⑥チームアプローチ　⑦多職種連携　⑧日本介護福祉士会倫理綱領　⑨専門性　⑩コミュニケーション　⑪資質向上

✏練習問題　A・・・○　B・・・×　C・・・○　D・・・×

2 医療・保健・福祉と介護 (p.22)

①健康　②看護師　③共有　④法令遵守　⑤喀痰吸引　⑥リハビリテーション　⑦生活課題　⑧医師　⑨治療食　⑩摂取状況　⑪人権　⑫社会福祉士　⑬日常生活

✏練習問題　A・・・×　B・・・○　C・・・×　D・・・○

3 介護支援専門員との連携 (p.23)

①ケアマネジャー　②サービス　③実務研修　④社会資源　⑤アセスメント　⑥ケアプラン　⑦モニタリング　⑧個別介護計画　⑨サービス提供責任者　⑩サービス担当者会議　⑪介護支援専門員

✏練習問題　C

4 ボランティアとの連携 (p.24)

①医療　②自立生活　③地域包括ケアシステム　④介護予防　⑤生活行為　⑥ボランティアグループ　⑦孤立　⑧余暇　⑨個別　⑩社会福祉協議会　⑪ボランティアコーディネーター　⑫介護従事者

✏練習問題　A・・・×　B・・・×　C・・・○　D・・・○

第1章 介護を必要とする人と生活環境

1 介護を必要とする人の生活環境 (p.25)
①生活環境 ②物的環境 ③人的環境 ④周囲の環境 ⑤地域 ⑥バリアフリー ⑦障壁 ⑧バリアフリー新法 ⑨ユニバーサルデザイン ⑩だれも ⑪簡単 ⑫安全 ⑬自立

✐練習問題 A・・・× B・・・○ C・・・○ D・・・×

2 介護を必要とする人の背景と生活環境 (p.26)
①背景 ②生活歴 ③ライフサイクル ④価値観 ⑤利用者 ⑥価値観 ⑦居室 ⑧日常生活動作 ⑨改修 ⑩地域生活

✐練習問題 D

第2章 高齢者の生活と支援

1 高齢者の活動 (p.27)
①生きがい ②8 ③関係 ④交流 ⑤生涯現役社会 ⑥生活基盤 ⑦健康 ⑧アクティブエイジング ⑨QOL ⑩上昇 ⑪高い

✐練習問題 C

2 高齢者をとりまく環境の考え方 (p.28)
①狭く ②白内障 ③視界 ④環境整備 ⑤リロケーションダメージ ⑥認知症 ⑦要介護度 ⑧孤立死 ⑨男性

✐練習問題 A・・・× B・・・○ C・・・○ D・・・×

3 高齢者の生活支援 (p.29)
①身体 ②慢性 ③呼吸器系 ④社会 ⑤老眼 ⑥高 ⑦遅く ⑧日常生活動作 ⑨廃用症候群 ⑩生活不活発病 ⑪フレイル ⑫予備力 ⑬廃用症候群 ⑭不定愁訴

✐練習問題 A・・・○ B・・・× C・・・○ D・・・×

第3章 障害者の生活と支援

1 障害とは何か (p.30)
①障害者基本法 ②難病 ③身体障害者福祉法 ④国際障害分類 ⑤国際生活機能分類 ⑥個人因子 ⑦バ

リアフリー ⑧障害者差別解消法 ⑨身体障害者手帳制度 ⑩重度 ⑪障害年金

✐練習問題 B

2 肢体不自由者の生活と支援 (p.31)
①肢体不自由 ②運動機能 ③45.0 ④義肢装具士 ⑤作業療法士 ⑥義足 ⑦車いす ⑧バリアフリー ⑨T字杖 ⑩手すり ⑪座位保持装置 ⑫ティルト・リクライニング車いす

✐練習問題 A・・・× B・・・× C・・・○ D・・・○

3 視覚障害者，聴覚・言語障害者の生活と支援 (p.32)
①全盲 ②弱視 ③点字 ④白杖 ⑤点字ブロック ⑥聴覚障害 ⑦ろう者 ⑧難聴者 ⑨2級 ⑩言語機能障害 ⑪手話 ⑫手話通訳士 ⑬要約筆記者 ⑭言語聴覚士 ⑮盲ろう者

✐練習問題 C

4 内部障害者の生活と支援 (p.33)
①心臓 ②肺 ③ストーマ ④経口 ⑤HIV ⑥ヘルプマーク ⑦オストメイト ⑧オストメイトマーク ⑨高齢化

✐練習問題 A・・・○ B・・・× C・・・× D・・・○

5 知的障害者の生活と支援 (p.34)
①18 ②療育手帳 ③重度 ④児童福祉法 ⑤学習 ⑥就労移行 ⑦就労継続 ⑧グループホーム ⑨ノーマライゼーション ⑩自立生活援助 ⑪成年後見制度

✐練習問題 A

6 発達障害者の生活と支援 (p.35)
①発達障害者支援法 ②脳機能 ③ライフステージ ④3 ⑤言葉 ⑥中枢神経系 ⑦知的発達 ⑧対人関係 ⑨失読症 ⑩7 ⑪中枢神経

✐練習問題 A・・・○ B・・・○ C・・・× D・・・×

7 精神障害者の生活と支援 (p.36)
①精神保健福祉法 ②統合失調症 ③増加 ④減少 ⑤精神障害者保健福祉手帳 ⑥1 ⑦2 ⑧3 ⑨メンタルヘルスケア ⑩スクールカウンセラー ⑪社会的入院 ⑫精神保健福祉士

✐練習問題 D

第4章 介護を必要とする人の生活を支える支援

1 観察（p.37）
①自立支援　②観察　③五感　④観察　⑤主観　⑥生活状況　⑦いつもと違う状態　⑧客観　⑨廃用症候群　⑩マズローの欲求5段階説

✏️練習問題　A···×　B···○　C···○　D···×

2 コミュニケーション（p.38）
①コミュニケーション　②信頼関係　③状態　④言語的コミュニケーション　⑤非言語的コミュニケーション　⑥信頼関係　⑦傾聴　⑧共感　⑨受容　⑩コミュニケーション

✏️練習問題　C

3 介護技術の基本（p.39）
①ボディメカニクス　②最小　③近づく　④支持基底面　⑤重心　⑥水平　⑦てこ　⑧同意　⑨インフォームド・コンセント　⑩心構え　⑪目線　⑫患　⑬目線　⑭ボディメカニクス

✏️練習問題　A···×　B···○　C···×　D···○

4 居住環境の整備（p.40）
①基盤　②居住環境　③地域　④地域　⑤手すり　⑥ライフサイクル　⑦庭　⑧住宅改修　⑨段差　⑩引き戸　⑪生活範囲

✏️練習問題　A

5 移動の支援（1）（p.41）
①移動　②活動性　③ADL　④IADL　⑤複雑　⑥バリア　⑦端座位　⑧てこ　⑨福祉用具　⑩健側　⑪患　⑫患　⑬同じ　⑭健

✏️練習問題　A···○　B···×　C···×　D···○

6 移動の支援（2）（p.42）
①体調　②患　③潜在能力　④空気圧　⑤ブレーキ　⑥拘縮　⑦ブレーキ　⑧フットサポート　⑨座面　⑩フットサポート　⑪グリップ　⑫前傾　⑬後ろ　⑭ブレーキ

✏️練習問題　D

7 食事の支援（p.43）
①生理的　②心理的　③社会的　④QOL　⑤生きが

い　⑥誤嚥　⑦意識　⑧深く　⑨引く　⑩咀しゃく　⑪自助具　⑫クロックポジション

✏️練習問題　A···○　B···○　C···×　D···×

8 排せつの支援（p.44）
①水分摂取　②おむつかぶれ　③自尊心　④自立　⑤衣服　⑥尿取りパッド　⑦プライバシー　⑧健　⑨端座位　⑩支援バー　⑪ナースコール　⑫ブリストルスケール　⑬換気

✏️練習問題　A···×　B···○　C···○　D···×

9 身じたくの支援（p.45）
①身じたく　②整容　③生理　④心理　⑤社会　⑥TPO　⑦脱健着患　⑧患　⑨座位　⑩患　⑪健　⑫患　⑬口腔ケア　⑭歯周病　⑮誤嚥性肺炎

✏️練習問題　B

10 入浴の支援（p.46）
①リラックス　②部分浴　③清拭　④血圧　⑤新陳代謝　⑥心臓　⑦心臓　⑧ヒートショック　⑨シャワーチェア　⑩健　⑪健　⑫患　⑬患　⑭健

✏️練習問題　C

11 睡眠・休養の支援（p.47）
①睡眠　②休養　③ストレス　④レム睡眠　⑤ノンレム睡眠　⑥4　⑦年代　⑧7〜8　⑨日中　⑩睡眠12か条　⑪生活全体　⑫生活リズム　⑬サーカディアンリズム　⑭太陽光　⑮水分

✏️練習問題　A···○　B···×　C···○　D···×

第5章 介護福祉サービスの概要

1 介護サービスの利用方法（p.48）
①介護保険制度　②介護保険法　③要介護認定　④要介護認定　⑤要介護　⑥要支援　⑦介護給付　⑧予防給付　⑨ケアマネジメント　⑩介護支援専門員　⑪ケアプラン　⑫要介護度　⑬居宅　⑭地域密着型　⑮施設

✏️練習問題　D

2 介護サービスの場の特性（在宅）（p.49）
①介護負担　②居宅サービス　③老老介護　④増加　⑤認認介護　⑥認知症　⑦訪問介護　⑧小規模多機能

型居宅介護　⑨居宅サービス計画書　⑩個性

✎**練習問題**　A・・・○　B・・・○　C・・・×　D・・・×

3 居宅介護サービス（p.50）
①家族介護者　②福祉系　③医療系　④訪問介護　⑤身体介護　⑥生活援助　⑦通所介護　⑧生活支援　⑨機能　⑩短期入所生活介護　⑪特定疾病　⑫訪問看護　⑬訪問　⑭通所　⑮居宅療養

✎**練習問題**　A

4 地域密着型サービス（p.51）
①地域密着型　②小規模多機能型　③認知症対応型共同生活介護　④ユニット　⑤定期巡回・随時対応型　⑥夜間対応型　⑦巡回訪問　⑧ケアコール端末　⑨総合事業　⑩地域包括ケアシステム　⑪生きがい

✎**練習問題**　A・・・×　B・・・○　C・・・○　D・・・×

5 介護サービスの場の特性（施設）（p.52）
①施設　②施設　③介護医療院　④認知症　⑤介護老人福祉施設　⑥リハビリテーション　⑦生活習慣　⑧ユニット型　⑨個別　⑩交流イベント

✎**練習問題**　B

6 施設サービス（p.53）
①介護保険法　②特別養護　③3　④措置　⑤養護　⑥軽費　⑦介護老人福祉施設　⑧介護老人保健施設　⑨介護医療院　⑩介護保険

✎**練習問題**　A・・・×　B・・・×　C・・・○　D・・・○

7 障害者支援サービス（p.54）
①身体障害者　②自立支援給付　③居宅介護　④短期入所　⑤共同生活援助　⑥市町村　⑦都道府県　⑧障害支援区分　⑨6　⑩サービス等利用計画案　⑪市町村　⑫サービス等利用計画

✎**練習問題**　C

8 障害者支援サービスの実際（p.55）
①法定雇用率　②障害者雇用促進法　③身体障害者手帳　④知的障害者　⑤精神障害者保健福祉手帳　⑥障害者雇用納付金制度　⑦ジョブコーチ　⑧配置　⑨訪問　⑩企業在籍

✎**練習問題**　A・・・○　B・・・×　C・・・×　D・・・○

第6章 介護過程

1 介護過程の意義（p.56）
①介護過程　②根拠　③アセスメント　④計画　⑤生活支援技術　⑥できる　⑦根拠　⑧アセスメント　⑨生活課題　⑩介護計画の立案　⑪目標　⑫実施　⑬評価　⑭再アセスメント

✎**練習問題**　D

2 アセスメント（p.57）
①事前評価　②収集　③分析　④生活課題　⑤健康状態　⑥環境　⑦個人　⑧生活状況　⑨コミュニケーション　⑩検査結果　⑪介護記録　⑫分析・解釈　⑬生活課題　⑭優先順位

✎**練習問題**　A・・・×　B・・・○　C・・・×　D・・・○

3 介護計画の立案・実施・評価（p.58）
①具体的　②長期　③短期　④スモールステップ　⑤長期目標　⑥実施　⑦尊厳　⑧評価　⑨再アセスメント　⑩修正

✎**練習問題**　C

第4編 介護における安全確保と危機管理

第1章 介護における安全と事故対策

1 介護におけるリスクマネジメント（p.59）
①リスク　②安全・安心　③生活　④介護従事者　⑤リスクマネジメント　⑥セーフティマネジメント　⑦初動　⑧バイタルサイン　⑨報告　⑩事故報告書　⑪電話　⑫協力員

✎**練習問題**　A・・・×　B・・・○　C・・・○　D・・・×

2 事故予防のための対策（p.60）
①リスク要因　②ハインリッヒの法則　③軽傷事故　④個別　⑤ヒューマンエラー　⑥ヒヤリハット　⑦支援マニュアル　⑧修正　⑨リスクマネジメント　⑩リスクマネジメント委員会

✎**練習問題**　B

3 介護現場で多い事故（p.61）
①転倒・転落　②生活レベル　③筋力　④骨折　⑤移動動作　⑥環境整備　⑦福祉用具　⑧リハビリテー

ション　⑨声かけ　⑩主治医

✎練習問題　A…○　B…○　C…×　D…×

4　身体拘束の禁止（p.62）

①禁止　②筋力　③主体　④不信　⑤切迫　⑥非代替　⑦一時　⑧同意　⑨記録　⑩拘束解除　⑪原因　⑫尊厳　⑬向上

✎練習問題　A…○　B…×　C…×　D…○

5　介護現場における防災対策（p.63）

①防災計画　②備蓄品　③3　④マンパワー　⑤防災ネットワーク　⑥防災マニュアル　⑦地域　⑧防災訓練　⑨災害対策基本法　⑩福祉避難所　⑪緊急入所施設　⑫避難行動

✎練習問題　A

第**2**章　**介護従事者の健康管理**

1　健康管理の重要性（p.64）

①社会的　②疾病　③精神的　④安心感　⑤低下　⑥体調管理　⑦低下　⑧腰痛　⑨予防　⑩健康意識　⑪職場環境

✎練習問題　A…×　B…○　C…×　D…○

2　心理面の健康管理（p.65）

①ストレス　②うつ病　③意欲　④身体　⑤燃えつき症候群　⑥無気力　⑦消耗感　⑧ストレスマネジメント　⑨メンタルヘルスケア　⑩セルフケア　⑪ラインケア　⑫スーパーバイザー

✎練習問題　D

3　身体面の健康管理（p.66）

①腰部　②健康　③労働安全衛生法　④1年　⑤ボディメカニクス　⑥活動　⑦パワーポジション　⑧まっすぐ　⑨社会的　⑩腰痛　⑪ぎっくり腰　⑫腰痛予防体操　⑬人力　⑭協力者　⑮介護ロボット

✎練習問題　A…○　B…×　C…○　D…×

4　労働安全衛生に関する知識（p.67）

①労働法　②労働基準法　③パート　④労働安全衛生法　⑤健康　⑥職場環境　⑦労働災害防止計画　⑧ストレスチェック　⑨労働環境　⑩福祉　⑪介護労働安定センター

✎練習問題　D

第**3**章　**感染対策**

1　感染症の理解（p.68）

①感染　②病原体　③感染症　④潜伏期　⑤不顕性感染　⑥保菌者　⑦感染症法　⑧指定　⑨抵抗力　⑩悪化　⑪予防　⑫拡大

✎練習問題　A…×　B…×　C…○　D…○

2　感染症の予防策（p.69）

①感染経路　②感染源　③加熱　④空気　⑤飛沫　⑥接触　⑦免疫　⑧スタンダード・プリコーション　⑨手洗い　⑩手袋　⑪マスク　⑫咳エチケット

✎練習問題　D

3　介護現場で出会うことの多い感染症（1）疥癬（p.70）

①疥癬　②ヒゼンダニ　③高熱　④接触　⑤通常　⑥直接　⑦角化型　⑧間接　⑨掻痒感　⑩全身　⑪清潔　⑫50　⑬短く　⑭手洗い

✎練習問題　A…○　B…○　C…×　D…×

4　介護現場で出会うことの多い感染症（2）インフルエンザ（p.71）

①インフルエンザウイルス　②冬　③季節性　④生きた　⑤低い　⑥飛沫　⑦潜伏　⑧3　⑨38　⑩合併症　⑪予防接種　⑫接触　⑬集団活動

✎練習問題　B

5　介護現場で出会うことの多い感染症（3）ノロウイルス食中毒（p.72）

①ノロウイルス　②二枚貝　③低　④85〜90　⑤経口　⑥接触　⑦飛沫　⑧胃腸炎　⑨免疫力　⑩ワクチン　⑪集団感染　⑫脱水症状　⑬増やさない　⑭次亜塩素酸ナトリウム液

✎練習問題　A…×　B…○　C…×　D…○

6　介護現場で出会うことの多い感染症（4）腸管出血性大腸菌感染症（O157）（p.73）

①腸管出血性大腸菌感染症　②低温　③病原性大腸菌　④ベロ毒素　⑤経口　⑥ベロ毒素　⑦合併症　⑧集団食中毒　⑨重篤化　⑩食中毒予防の3原則　⑪−15

⑫75　⑬熱湯　⑭手洗い

✎練習問題　A

7 介護現場で出会うことの多い感染症（5）その他の感染症（p.74）

①結核菌　②直射日光　③空気感染　④集団感染
⑤BCG　⑥保健所　⑦レジオネラ菌　⑧鼻　⑨塩素
系薬剤　⑩真菌　⑪接触感染　⑫清潔　⑬乾燥（⑫と
⑬は順不同）

✎練習問題　A…○　B…×　C…×　D…○

第**4**章 | **福祉用具と介護ロボット**

1 福祉用具と介護ロボットの必要性（p.75）

①福祉用具　②QOL　③13　④車いす　⑤自動排泄
処理　⑥手すり　⑦介護ロボット　⑧感知　⑨判断
⑩動作（⑧～⑩は順不同）　⑪介護利用　⑫相談窓口
⑬実証

✎練習問題　C

2 福祉用具と介護ロボットの有効的な活用（p.76）

①AI　②ICT　③IoT　④ケアプラン　⑤プライバ
シー　⑥介護従事者　⑦活用方法　⑧軽減　⑨スライ
ディングボード　⑩持ち上げない　⑪抱え上げない
⑫質　⑬使用方法

✎練習問題　A…○　B…×　C…○　D…×